ISBN 978-0-656-87165-0
PIBN 10337141

This book is a reproduction of an important historical work. Forgotten Books uses
state-of-the-art technology to digitally reconstruct the work, preserving the original format
whilst repairing imperfections present in the aged copy. In rare cases, an imperfection in
the original, such as a blemish or missing page, may be replicated in our edition. We do,
however, repair the vast majority of imperfections successfully; any imperfections that
remain are intentionally left to preserve the state of such historical works.

1 MONTH OF
FREE
READING

at
www.ForgottenBooks.com

By purchasing this book you are eligible for one month membership to ForgottenBooks.com, giving you unlimited access to our entire collection of over 700,000 titles via our web site and mobile apps.

To claim your free month visit:
www.forgottenbooks.com/free337141

English
Français
Deutsche
Italiano
Español
Português

www.forgottenbooks.com

Mythology Photography **Fiction**
Fishing Christianity **Art** Cooking
Essays Buddhism Freemasonry
Medicine **Biology** Music **Ancient
Egypt** Evolution Carpentry Physics
Dance Geology **Mathematics** Fitness
Shakespeare **Folklore** Yoga Marketing
Confidence Immortality Biographies
Poetry **Psychology** Witchcraft
Electronics Chemistry History **Law**
Accounting **Philosophy** Anthropology
Alchemy Drama Quantum Mechanics
Atheism Sexual Health **Ancient History**
Entrepreneurship Languages Sport
Paleontology Needlework Islam
Metaphysics Investment Archaeology
Parenting Statistics Criminology
Motivational

Adressbuch

der

Fabrikanten und Handlungen

von

Feuerwehrartikeln

in

Deutschland, Oesterreich und der Schweiz

nebst einem

Verzeichniss der Feuerwehr - Literatur
von 1665 bis 1884.

I. Jahrgang.

Mit dem Titelbild von Karl Metz, Heidelberg,
Begründer der deutschen Feuerwehren.

LEIPZIG.

R. Scheibe, Verlag des „Feuerwehrmann".

1884.

Vorwort.

Um etwas Vollkommenes zu schaffen, ist fast immer eine längere Zeit erforderlich. So möge man denn auch — eingedenk des Sprüchwortes, dass Rom nicht in einem Tage erbaut — diese erste Ausgabe eines vorher nicht existirenden Adressbuches mit Nachsicht aufnehmen. — Sollte eine oder die andere Firma von mir übersehen sein, so bitte ich um gefällige Angabe derselben, und zwar, zur Erzielung gleichmässiger Vollständigkeit, womöglich mit den aus dem Adressbuch näher ersichtlichen analogen Zusätzen, damit die Aufnahme in das Adressbuch für 1885 stattfinden kann, denn alljährlich soll eine neue Auflage mit Ergänzungen und Verbesserungen erscheinen.

Auch das Literaturverzeichniss erhebt keinen Anspruch auf absolute Vollständigkeit, obgleich hier die dankenswerthen Vorarbeiten eines Magirus („Die Literatur über Feuerlöschwesen" in seinem grossen Werke über Feuerlöschwesen) und Tésař („Katalog über die Literatur des Feuerwehrwesens 1950—1879")*) dem jetzigen Bearbeiter wesentlich zu statten kamen. Eine gewisse Beschränkung schien hier andererseits geboten, wollte man nicht zu sehr in Gebiete

---

*) Weitere Zusammenstellungen findet man u. A. in Jung's Jahrbuch, II. Jahrg. 1874; Pracklauer, Gewerbe-Lit. 1865—81 S. 78—86 u. Fromme's Feuerwehr-Kalender 1884.

überschweifen, die ihre eigenen umfangreichen Literaturen aufzuweisen haben. Es gilt dies namentlich von den zahlreichen Schriften über Versicherungs-, speciell Feuerversicherungswesen und über Wasserleitungen im Allgemeinen und Speciellen. Sollten übrigens Wünsche laut werden, auch diese Schriften aufgenommen zu sehen, so würde ich denselben event. später nachkommen. Für gefällige Mittheilung jeder etwa sonst vermissten (z. B. hie und da noch im Selbstverlag erschienenen) Schrift wie überhaupt für jede etwaige Ergänzung und Verbesserung würde ich mich zu besonderem Danke verpflichtet fühlen, denn nur durch ein gefälliges Entgegenkommen hinsichtlich der von mir erbetenen Mittheilungen kann nach und nach ein vollständiges Adressbuch mit vollständigem Literaturverzeichniss entstehen.

Der Herausgeber R. Scheibe.

Carl Metz,

dessen Portrait unser Adressbuch enthält, legte den Grundstein zu der
segensreichen Institution des Feuerwehrwesens, auf welchem gegenwärtig
zumeist die Löschhilfe im deutschen Vaterlande beruht. Als Sohn des
Theilungskommissärs Fr. Metz am 5. August 1818 in Heidelberg geboren,
widmete er sich nach einer guten Vorbildung am Lyceum zu Mannheim,
zumeist auf Antrieb des bekannten Physikers Eisenlohr, der Mechanik,
und trat zunächst bei einem Schlosser in die Lehre. Seine wesentlichste
praktische Ausbildung aber erlangte er in den damals schon berühmten
Maschinenwerkstätten von Dingler in Zweibrücken und in Graffenstaden
bei Strassburg, wo er 1837—40 als Volontair arbeitete. Nachdem er noch
in den Werkstätten von Köchlin und Meyer in Mühlhausen ein Jahr
lang sich dem Eisenbahnwesen gewidmet und schliesslich in der Stations-
werkstätte zu Heidelberg Beschäftigung gefunden hatte, gründete er 1842
sein nachmals so berühmt gewordenes Etablissement zu Heidelberg.
Damit beginnt seine Thätigkeit als Reformator des Löschwesens, welche
sein ganzes Leben erfüllt, und ihm einen unvergänglichen Anspruch auf
den Dank der Mit- und Nachwelt erworben hat. Mit richtigem Blicke
erkannte Metz, dass es zur Verbesserung des Löschwesens nicht genüge,
blos gute Spritzen zu schaffen, dass vielmehr die Bekämpfung des Feuers
in erster Linie ein persönlicher Kampf, die Maschinen und Apparate
aber nur Hilfsmittel seien. Von diesem Grundsatze ausgehend, musste
sein erstes Bemühen sein, militärisch organisirte, fest gegliederte und
disciplinirte Feuerwehrcorps zu bilden. Die Turnvereine boten hierzu ein
geeignetes Material. Es ist bekannt, dass die Gründung der ersten
organisirten freiw. Feuerwehr durch Metz im Mai 1846 zu Durlach erfolgte, wohin derselbe eine zweirädrige Stadtspritze geliefert hatte.
Noch in demselben Jahre wurde in dem benachbarten Ettlingen sowie in
Rastatt in gleicher Weise vorgegangen. Die im Sommer 1846 zu Karlsruhe veranstaltete Landesausstellung gab Metz Gelegenheit, mit dem von
ihm eingesendeten Löschpark, in Spritzen, Hakenleitern, Geräthwagen,

Rettungsschlauch und Luftapparat bestehend, öffentliche Proben vorzunehmen, und sich als ersten Preis eine goldene Medaille zu erwerben Den grössten Vorschub aber leistete der Ausbreitung des freiw. Feuerwehrwesens, welches naturgemäss bei dem alten Schlendrian den zähesten Widerstand erfuhr, der unheilvolle Karlsruher Theaterbrand am 28. Febr. 1847, bei welchem der schauerliche Untergang von 62 Menschen die Unfähigkeit des alten Löschwesens im krassesten Lichte erscheinen liess, während die Tüchtigkeit der aus einer Stunde Entfernung herbeigeeilten Durlacher Schaar, der allein die Begrenzung des Brandes zu danken war, sich in der glänzendsten Weise darstellte. Hätte sie zu Beginn des Brandes zur Stelle sein können, so wären zweifellos die meisten der unglücklichen Opfer gerettet worden.

Leider war es in jener Zeit Mode, hinter jeder Bethätigung freier Initiative aus dem Volke heraus politische, revolutionäre Tendenzen zu wittern, hieraus und aus dem Misstrauen der meisten Regierungen gegen die Turner mussten der Ausbreitung der freiw. Feuerwehr viele Hindernisse erwachsen.

Die erfolgreiche Thätigkeit der Rastatter Feuerwehr während der Beschiessung dieser Festung durch die Preussen im Jahre 1849 machte den damaligen Prinzen von Preussen, unseren jetzigen deutschen Kaiser Wilhelm, auf Metz aufmerksam, und gewährte letzterem die Gelegenheit, demselben seine Ansichten über das Feuerlöschwesen und dessen volkswirthschaftliche Bedeutung auseinander zu setzen, sowie dem preussischen Kriegsministerium Pläne zur Nutzbarmachung des Militärs im Feuerlöschwesen zu unterbreiten. Leider hatte er hier keinen Erfolg; doch ist wohl unzweifelhaft die im Jahre 1851 erfolgte Reorganisation der Berliner Feuerwehr auf diese Anregung zurückzuführen.

Die Ausstellungen in München 1854 und in Paris 1855 brachten Metz neue Ehren und verschafften seiner Thätigkeit einen immer weiteren Wirkungskreis. Vielfache Aufträge aus dem Auslande gingen ein, und namentlich gelang es Metz, wenn auch erst nach hartem Kampf mit der Bornirtheit der Polizeibehörden in Riga und späterhin in noch mehreren Städten Russlands, sein Feuerwehrsystem zugleich mit seinen Löschmaschinen einzuführen.

Im Jahre 1872 konnte Metz gleichzeitig mit seinem 30jährigen Jubiläum auch die Feier der Fertigstellung der tausendsten Löschmaschine begehen. Eine Menge von Feuerwehrmännern aus ganz Deutschland war dazu erschienen; der Grossherzog von Baden ehrte bei dieser Gelegenheit die Verdienste des Meisters um die deutsche Feuerwehr durch Verleihung des Zähringer Löwen - Ordens, nachdem schon im Jahre 1856 ihm für seine speziellen Verdienste um die Feuerwehr Heidelbergs die grosse goldene Verdienstmedaille zuerkannt worden war.

Nicht blos aber durch seine Leistungen wusste sich Metz die allgemeine Achtung zu erwerben; sein durch und durch tüchtiges, charakter- und gemüthvolles, echt deutsches Wesen nahm Jeden für ihn ein, der ihm näher zu treten Gelegenheit hatte. Namentlich im Verkehr mit seinen Arbeitern und Gehilfen trat dies recht lebhaft an den Tag, und selten ist wohl einem Manne mehr Anhänglichkeit und Verehrung zu Theil geworden, als ihm von seinem Personale entgegengebracht wurde. So streng er eifrige Pflichterfüllung von Jedem forderte, so gern freute er sich auch im Kreise seiner Arbeiter; namentlich waren es die Spritzen-Fahrproben, die, unter seiner Leitung vom ganzen Personal der Fabrik ausgeführt, sich jederzeit zu kleinen Festen gestalteten.

In der Nacht vom 31. October zum 1. November 1877 verstarb Carl Metz nach langem Leiden im 60. Jahre seines Lebens. Ein imposanter Leichenzug begleitete seine sterbliche Hülle zur letzten Ruhestätte und gab Zeugniss von der Liebe und Verehrung, die Metz im Leben genossen. Seinen Grabhügel schmückt nun ein Denkmal, von den Deutschen Feuerwehren ihm errichtet, ein schöneres Denkmal aber und ein dauernderes hat sich Metz selbst errichtet in den dankbaren Herzen seines Volkes, dessen Wohlthäter er war, im Gedächtnisse der deutschen Feuerwehren, in welchen das Andenken an „Vater Metz" nie erlöschen wird.

Druckfehlerberichtigung:

Seite 11 muss es heissen **Knaust Wm.** statt **Knaust Wwe.**

„ 11 „ „ „ **Köllsch** „ **Köllich.**

Aachener Telegraphen-Bau-Anstalt (Wiesenthal & Comp.) in *Aachen*.

Actiengesellschaft für Fabrikation technischer Gummi-waaren (C. Schwanitz & Comp.) in *Berlin*.

Actiengesellschaft der Holler'schen Carlshütte bei *Rendsbg.*
Feuerlöschspritzen.

Aders, J., Metallwaaren-Fabrik, in *Neustadt-Magdeburg.*
Silberne Medaille Paris 1867. Silberne Medaille Bielitz Biala 1871.
Fortschritts-Medaille der Wiener Welt-Ausstellung 1873.
Einrichtungen und Geräthe für Zucker-, Sprit-, Chemische Fabriken,
Brennereien, Brauereien etc. Rohrsysteme und Armaturen jeder Art.
— Fabrik für Messingröhren ohne Löthnaht für Locomotiven, Ver-
dampf- und Condensir-Apparate, sowie sonstige technische Zwecke.
— Messing- und Bronce-Rohguss. — Feuerlösch-Spritzen. — Reichs-
bank-Giro-Conto. Firmirt jetzt **Metallwerke** (vorm. J. Aders).

Aebly & Blesy in *Ennenda*, Canton Glarus.
Feuerwehr-Leitern.

Aebi & Mühlethaler in *Burgdorf* i. d. Schweiz.

Ahrens & Wolff in *Berlin* S., Prinzenstr. 35.

Alisch, E., & Co. in *Berlin* C., Lindenstrasse No. 20-21.
Inhaber: Hugo Alisch, Königl. Hoflieferant.
Fabrik für Feuerlöschspritzen und Bierdruckapparate.
Gegründet 1865. — Inhaber der Staatsmedaille — (S. Inserat.)

Allweiler, Gotthard, in *Radolfzell*, Baden.
Specialität: Flügelpumpen für alle Zwecke.
Drehbare Patentfeuerspritze (Deutsches Reichspatent).
Illustrirte Preislisten gratis und franco.

Amsler, C. F., in *Feuerthalen* bei Schaffhausen, Schweiz.
Specialität: Zuber'sche Extincteure.

Amsler-Laffon, J., in *Schaffhausen*, Schweiz.
Specialität: Rettungsleitern (Deutsches Reichspatent No. 25,264).
Schlauchverbindungen (Schweizer. Normalschloss, System Schick).

Andreæ, W., Trommelfabrik, in *Erfurt.*

Bähr, Hugo, in *Dresden.*
Fabrik für elektrische Bühnen-Effecte.
Baldauf, C. G., in *Chemnitz* i. S.
Feuerspritzen-, Pumpen- und Armatur-Fabrik, gegründet 1844.
Prämiirt mit ersten Preisen auf allen beschickten Ausstellungen.
Barnewitz, Gebr., & Co., in *Dresden.*
Balle, Th., Sohn, Hofseiler, in *Braunschweig.*
Bærle, van, & Co., Wasserglas-Fabrik, in *Worms.*
Wasserglasfarben-Anstriche als Schutz gegen Feuersgefahr.
Bauer jun., Andreas, in *Herzogenaurach,* Bayern.
Flanell- und Lodenfabrikant. Lieferant der Feuerwehrjoppenstoffe
und Armbinden für Feuerwehr.
Bauer, Siegfried, in *Bonn.*
Baumann, J., in *Herisau,* Schweiz.
Beck, Heinrich, in *Erfurt,* Schlösserstr. No. 9.
Beck, Josef, Weberei in *Leitomischl.*
Beck, Fr., Flaschner, in *Stuttgart.*
Feuerwehrlaternen.
Beck & Henckel, Maschinenfabrik in *Cassel,* Wolfenhagerstr.
Becker, Eduard, Glockengiesser und Löschmaschinen-Fabri
in *Ingolstadt.*
Beduwe, Josef, in *Aachen* und *Lüttich.*
Einziges Special-Etablissement in Rheinpreussen und Westphalen
für Feuerspritzen jeder Art und Grösse.
Behrendt, L., Söhne, in *Berlin,* Gartenstr. 167/8.
Berger, W., & Co., Schmiedemeister, in *Stuttgart.*
Berger & Milke in *Oederan.*
Oederaner Feuerwehrleitern.
Berlin, Ludwig, in *Pressburg,* Conventgasse No. 9.
Berlin-Anhaltische Maschinenfabrik in *Berlin.*
Bessert-Nettelbeck, P., Königl. Hof-Kunststickerei-Anstalt un
Fahnen-Manufactur, Berlin S. W. Markgrafenstrasse No. 27a
Dresden Victoriastrasse No. 8.
Muster und Anschläge gratis und franco,
Betzenhammer, Anton, in *München,* Burgstr. Nr. 3.
Feuerwehr-Ausrüstungs-Geschäft.
Beuer, Josef, in *Reichenberg* i. B.
Specialitäten: Reichenb. Patent-Rettungstücher, Schlauchbinden
Fackellampen, Extincteure und Uniformirungsstoffe.
Beukelmann, C., in *Dortmund.*
Feuerwehr-Steigerleitern.
Beutemüller, C., & Co., in *Bretten,* Baden.
Biernatzki & Co. in *Hamburg.*

Bindel, Carl, in *Danzig.*
Special-Geschäft für Gummiwaaren und technische Artikel.
Asbest-Handlung.
Specialität: Gummi-Saugeschläuche, Feuereimer, Spritzenschläuche
aus rohem und imprägnirtem Hanf sowie innen gummirt (absolute
Dichtheit garantirt). — (S. Inserat.)

Blanck, J., Maschinenfabrik, in *Heidelberg.*

Blas, H., in *Telfs*, Tyrol.

Blersch. Gebr., in *Ueberlingen.*
Glockengiesserei und Feuerlösch-Maschinenfabrik.

Blödner & Vierschrodt in *Gotha.*
Fabrik von rohen und gummirten Hanfschläuchen, Feuereimern etc.

Bonner Fahnenfabrik in *Bonn* a. Rhein.
Gestickte und gemalte Fahnen für Feuerwehren. — Festabzeichén

Bonnet & Co, in *Berlin.*

Bopp & Reuther in *Mannheim.*

Bosshard & Co. in *Näfels*, Schweiz.

Böttner, Oscar, Klempnermeister, in *Leipzig.*
Specialität: Beleuchtungsgegenstände, als: Thurm-, Signal-. Steiger-
laternen, Fackel-, Sicherheitslampen etc.

Brambach, R., in *Nordhausen* am Harz.

Brandt, Max Friedr., in *Dresden.*
Wasserdichte Spritzendecken und Feuereimer.

Brandt, J., & Nawrocki in *Berlin*, Leipzigerstr.

Braun, Justus Christian, Feuerlösch - Maschinen - Fabrik in
Nürnberg.
Specialität: Feuerspritzen, Feuerwehr-Ausrüstungs-Gegenstände aller
Art, Wasserleitungsutensilien.

Bräunert, H., Metallgiesserei, in *Bitterfeld* i. S.
Specialität: Spritzenfabrik.

Bräutigam & Hüther, Maschinenbau-Anstalt, in *Eschwege.*
Specialität: Freistehende Feuerwehrleitern, sowie Schlauchwagen.
Preiscourante gratis und franco.

Bremen, L., von, & Co. in *Kiel.*
Fabrik von Athmungs- und Rettungs-Apparaten.

Bronnemeyer & Sohn in *Feuchtwangen.*
Feuerwehr-Requisiten.

Bühler-Wuest, Dl., Schlauchfabrik, in *Bürow* (Luzern).

Bungarten, Chr., in *Bonn.*

Burbach, Gebr., & Co. in *Gotha.*
Fabrik roher und gummirter Hanfschläuche.
Specialität: Rohe Patent-Doppel-Hanfschläuche, Feuereimer, Sprung-
tucher, Rettungsschläuche, Wasserreservoirs, Feuerwehrgurten. —
25 Mal pramiirt.

1*

Bürgin & Hablützel in *Feuerthalen*, Schweiz.

Clouth, Franz, Rhein. Gummiwaaren-Fabrik in *Nippes* b. Cöln.

Cohnfeld, S. G., in *Zaukeroda* bei Dresden.
Feuer- und Gartenspritzen.

Cramer, Otto, in *Leipzig*, Brühl 76/77.
Zusammenlegbare Tragbahren für Feuerwehren, Verbandskasten und Verbandstaschen. (S. Inserat.)

Czermak, R., in *Teplitz.*
K. k. priv. Feuerspritzen- und Pumpenfabrik.

Dahl, Alexander, in *Barmen.*
Militär-Effekten-Fabrik. Gegründet 1836.
Specialität: Helme. — Preiscourant gratis.

Deckert & Homolka in *Wien I.*, Kärtnerstr. 46.
Etablissement für Elektro-Technik.

Demmer, Gebrüder, Maschinenfabrik, in *Eisenach.*

Dengg & Co. in *Wien.*

Deutsche Imprägnirungs-Anstalt, Fr. Konrad Nachfolger,
in *Mügeln* bei Dresden. (S. Inserat.)

Dieckhoff J. C. L., in *Osterode* am Harz.
Mechanische Schlauchweberei. Stoffe zu Feuerwehr-Joppen.

Dietrich, A., in *Eberswalde.*

Dietrich & Hannack in *Chemnitz.*
Chemnitzer Turn- und Feuerwehr Geräthe-Fabrik.

Dittler, Gustav, Metallwaarenfabrik, in *Pforzheim.*
Specialität: Hydrantfahnen zu Feuerloschzwecken mit patentirter und mehrfach prämiirter Abstellvorrichtung, gewöhnliche, doppelte und einfache Hydrautenausläufe, Schlauchverschraubungen, Strahlröhren, Feuerspritzen. Hanf- und Gummischläuche. ·
Preislisten und Proben zu Diensten.

Dold, Gebrüder, Tuchfabrik, in *Villingen* i. Baden.

Dölzig & Co., Schlauchfabrik in *Geringswalde* i. S.

Dotti, Joh. Bapt., in *Berlin* S. O., Neanderstr. No. 4.

Dross, Ferd., Telegr. Bau-Anstalt, in *Berlin* S. (Louisen-Ufer No. 26).
Telegraphie, Telephonie, Blitzableiter, Galvan. Elemente.

Dürr, G., Schmied, in *Stuttgart.*

Eckardt, J., & Sohn in *Ulm.*

Ehrsam, J., Schlauchweberei, in *Wädensweil* bei Zürich.
Sehr dichthaltende Schläuche von guter Construction
Mässige Preise.

Eichler, Carl, in *Fehrbellin.*
Wachs-, Harz-, Fackel- und Seilerwaaren-Fabrik. — Lieferant des Kgl. Polizei-Präsidiums, Abtheilung für Feuerwehr.
Export. — En gros. — Mehrfache Auszeichnungen.

Elster, S., in *Berlin* N. O.
Fabrik für Sicherheitslampen (Modell Berliner Feuerwehr).

Embacher, V. F., in *Kufstein* in Tyrol.
Wagen und Feuerwehrleitern. (S. Inserat.)

Emmerling, A., & Co. in *Berlin* S., Dresdnerstr. No. 80.

Emmerling, Adam, in *Mannheim.*
Chemische Feuerlöschmasse.

Engelhardt, J. W., & Co. in *Fürth,* Bayern.
Maschinenfabrik und Eisengiesserei.
Gegründet 1841. Goldene Medaille Nürnberg 1882.
Specialität: Fabrikation von zwei- und vierrädrigen Feuerspritzen
und Buttenspritzen jeder Art, solidester Construction und den
neuesten Anforderungen entsprechend.
Bereits über 2100 Stück geliefert.
Illustrirte Preis-Courante auf Wunsch gratis und franco.

Ennsmann, P., in *Salzburg.*

Erber, Anna, in *Brieg* in Schl.

Eschenbach, Cl., in *Stuttgart.*
Signalhörner und Pfeifen für Feuerwehren.

Ewald, Gustav, in *Cüstrin II.*
Fabrik für Feuerlösch-Spritzen jeder Grösse, Wasserzubringer,
Schlauch- und Wasserwagen, sowie Mannschafts- und Geräthewagen.
Lieferung sämmtlicher persönlicher Ausrüstungsstücke für Feuer-
wehren; Leitern, Fackeln und Rettungsgeräthe jeder Art.
Cataloge gratis und franco.

Ey, C. A., in *Ober-Peilau* I. bei Gnadenfrei in Schl.

Eymann, Ch., in *Quakenbrück.*

Faber, O., in *Leipzig,* Brühl No. 64.
Feuerwehr- und Turngeräthe-Fabrik. — Preisverzeichnisse gratis.

Fallgatter, Emil, Telegraphenbau-Anstalt, in *Leipzig.*

Fein, C. & E., in *Stuttgart.* — Inhaber: W. E. Fein.
Telegraphenbauanstalt, gegründet 1869, liefern sämmtliche Apparate
und Materialien für Feuertelegraphen-Einrichtungen, Morseapparate,
automatische Feuermelder, Thermoscope, Fernsprechanlagen, Allarm-
glocken, Anschlagswerke für Thurmglocken mit elektrischer Aus-
lösung etc.
Prämiirt: Ulm, Moscau, London, Frankfurt a. M., Braunschweig,
Paris, Gotha.
Siehe Inserat.

Feitzelmayer, Carl, Maschinenfabrik und mechanische Werkstätte in *Pressburg,* Hochstr. No. 10.

Ferencz, Füredi, in *Gombkötö* in Pozsony Ventur utca, 9 szám.

Feuer-Lösch-Patronen-Fabrik T. v. Trotha in *Gaensefurth*
bei Hecklingen in Anhalt.

Fichtler, F. G., Spritzenfabrikant, in *Nienburg* a. W.

Fischer, Carl, in *Fehrbellin.*

Flader, E. C., in *Jöhstadt* i. S. u. *Sorgenthal* b. Pressnitz i. Böhmen.
Fabrik von Feuerlöschspritzen, Pumpen, Schläuchen etc.

Flürschheim, Michael, in *Gaggenau,* Baden. Vgl. Gaggenau.

Francke, Julius, in *Hannover.*
Hoflieferant Sr. Majestät des Kaisers und Königs.
Fabrik sämmtlicher Feuerwehr-Requisiten und Militär-Effecten.
Specialität: Feuerwehr-Helme, Gurten, Carabiner, Laternen, Beile.
Röcke, Joppen etc.
Illustrirter Preis-Courant gratis und franco.

Frank, Wilh., Bortenmacher, in *Berg* bei Stuttgart.

Franke, Conrad, in *Berlin.*
Feuerwehr-Requisiten.

Fritsch, Anton, Schlauchfabrik, in *Eger.*

Fröhlich & Wolff, Hanfschlauch-Weberei, in *Cassel.*

Fuchs, Ludwig, in *München,* Schützenstr. 2. Hôt. Bellevue.
Erstes grösstes kgl. bayer. Hof- u. Feuerwehr-Equipirungs-Geschäft.
Empfiehlt Alles nach erprobtem System, was der Feuer-Mann an
Ausrüstung benöthigt.
Eigenes Fabrikat.

Fuchs, Daniel, Musik-Instrumentenfabrik, in *Wien.*

Fuss, Carl, in *Liegnitz.*
Feuerwehr-Joppen zu allen Preisen.
Specialität: Echt hamburger Englisch-Lederhosen.

Gaggenauer Eisenwerke, Flürschheim & Bergmann Masch.-
und Metallwaaren-Fabrik, Giesserei, in *Gaggenau,* Murgthal-
bahn, Baden.
Specialität in Feuerwehrherabgleitapparaten.

Ganz, Fr., Metallgiesserei und mech. Werkstätte, in *Fluntern*
bei Zürich.
Siehe Inserat.

Gautsch, Conrad, Laboratorium f. chem. Flammenschutzmittel,
in *München.*

Geiger, Ch., Schlauchfabrik, in *Ehingen,* Württemberg.

Geittner & Rausch in *Budapest.*
Spritzen-, Pumpen- und Mühlsteinfabrik.
Lager aller Gattung Werkzeuge, Armaturen u. technischen Requisiten.

Gelbke & Benedictus in *Dresden.*

Gerhard, Carl, in *Hofheim,* Unterfranken.
Fertigt Schlauchbinden eigner Construction, passend f. jede Schlauch-
weite. Preis M. 1.70.

Gfrörer, Friedrich, vormals **Stahlecker & Co.,** in *Stuttgart.*
Gegr. 1865. Musik- und Signal-Instrumentenfabrik. (S. Inserat.)

Gimpert, Gebr., Feuerspritzenfabrik, in *Küssnacht* am Zürichsee.

Glatz, Ferd., Schnürmacher, in *Pressburg*, Schlossergasse No. 4.

Gœlitz, A., in *Böhlen*, Schwarzburg-Rudolstadt.

Göllnitz, Wilh., Telegraphenbau-Anst., in *Königstein* a. Elbe.

Gœtzger & Dürr in *Aeschach* bei Lindau in Bayern.

Gräner, C. L., in *Cöslin*.
Fabrik für Feuerlöschspritzen und Feuerwehrgeräthschaften.

Grassmayer, Joh., Spritzenfabrik, in *Wilten* b. Innsbruck.

Grell, Wilh., Spritzenfabrik, in *Wetzlar*.

Grether & Co. in *Freiburg* in Baden.

Gubler in *Turbenthal* in der Schweiz.
Extincteure.

Güldenstein & Co. in *Frankfurt* a. M.
General-Vertreter von Rumsey & Co., Limited, Seneca-Falls, New-York.
Erste und grösste Pumpen- und Feuerspritzenfabrik der Welt.
☛ Man verlange Catalog. ☚ — (S. Inserat.)

Güldenstein & Co., Maschinenfabrik, in *Stuttgart*.

Gutermann, Louis, in *Wien II*, Lichtenauergasse.

Haas, W. A., in *Nürnberg*. Inhaber: **W. Manne.**
Fabrik von Messing- und Metallgusswaaren, Pumpen, Spritzen, Blitz-ableitungs-Materialien.

Habbel, A., Feuerspritzenfabrik, in *Bury* bei Magdeburg.

Hadonk & Sohn in *Hoyerswerda*.

Hähnel, Turngeräthefabrik, in *Dresden*, Poppitzstr. No. 10.

Haidenthaller, vormals **Rosian,** in *Salzburg*, Linzergasse N. 4.
Seilerei-, Schlauch- und Gurten-Weberei.

Halemeyer, D. R., in *Potsdam*.

Händel, C. A., in *Dresden*.
Königl. Feuerspritzen=Fabrik.
Permanente Ausstellung und Lager von Feuerlöschspritzen sowie Feuerwehr-Requisiten.

Hanicke, Gust. B., in *Leipzig*, Grimmaische Str. No. 31.
Fahnen und Banner in Kunst- und Goldstickerei, Malerei und Vergoldung. Fahnen-Spitzen, Stangenbekrönungen. — Abzeichen für alle Vereine, Scherpen, Schleifen.
Preis-Courante, Probesendungen franco.

Hannach, Philipp, in *Lissa*, Prov. Posen.

Harrach, Georg, in *München*, Dachauerstr. No. 35.
Geschäft für Blitzableitungsanlagen, Fabrikation von Patent-Auf-fangstangen, Anfertigung von Plänen und Lieferung aller Bestand-theile.

Härtl, Ignaz, in *Salzburg*.

Haupt, Th., Kupferschmied. in *Grossglogau*, Preuss. Str. 40/1.
Hauptvogel, Albert, in *Dresden.*
Laternenfabrik.
Specialität: Patent-, Sturm- und Sicherheits-Laternen, Feuerweh
laternen, Petroleumfackeln, Hand- und Taschenlaternen, Wage
laternen etc. für Kerze, Benzin, Rüböl oder Petroleum.
Prämiirt mit den höchsten Preisen in Hamburg, Liegnitz, Dresd‹
und Amsterdam 1883. — Primareferenzen, bestehend in: Ausg
statteten Feuerwehren und den namhaftesten Firmen des In- u
Auslandes, in bedeutender Anzahl zur Verfügung.
Illustrirter Catalog gratis. — (S. Inserat).
Heckele, Josef, in *Fünfhaus* bei Wien, Herklotzgasse.
Feuerlösch-Geräthe-Fabrik.
Hecker, Bernh., in *Döbeln.*
Heidelberger, F. K., Mech. Schlosserei, in *Solothurn.*
Heim, Joseph, in *Telfs*, Tyrol i. Oberinnthal.
Gurten- und Spritzenschlauchfabrik.
Held, Harry, in *Ludwigshafen* a. Rh.
Henkel, C., in *Bielefeld.*
Feuerwehr-Uniformen.
Henschke, C. F., in *Kamenz.*
Herb, W. A., in *Pulsnitz.*
Feuerwehr-Apotheken: Blechkasten 45 Mark, Lederetuis zum U
hängen 15 Mark.
Herholz, E., Feuerspritzenfabrik, in *Uelzen.*
Hermann, Johann, in *Memmingen.*
Hermann, G. A., in *Schweinfurt.*
Herrenburger, W., in *Söflingen*, Württemberg.
Herzberg, in *Heiligenstadt.*
Heumann, David, in *München*, Frauenstr. No. 6 I.
Heyder & Bruckner in *Charlottenburg.*
Heydlich, J. Aug., in *Delitzsch.*
Hietel, J. A., Fahnenfabrik, in *Leipzig.*
Hillel, Georg, Fabr. v. Feuerwehr-Uniformen, in *Breslau.*
Hiller's, Ad., Wwe. & Sohn in *Brünn*, Nellgasse No. 25.
Glockengiesserei, Metallwaaren- und Feuerlösch-Geräthe-Fabrik.
Hiller, Otto, in *Berlin.*
Hirt, Otto, in *Karlsbad*, Böhmen.
Rettungs-Apparat eigener Erfindung.
Hoffmann, O., in *Passau.*
Hoffmann, Ludw., Hof-Uhrmacher, in *Berlin* W.
Hoffmann, Ulrich, Schmiedemeister, in *Winterthur.*
Hofmann, J. G., in *Chemnitz*, Webergasse.

Hofmann, Gebr., in *Breslau*.
Actiengesellschaft fur Waggonbau und Spritzenfabrik.

Hofmann, Rud., in *Kirchberg* i. S.

Hohl, J. J. Ulr., in *Grub* bei Appenzell, Schweiz.

Höhmann, C. H., in *Cassel*, Artilleriestr.
Persönliche Ausrüstungen aller Art.
Specialität: Helme, Gurte, Beile, Röcke, Steigerleitern etc.

Höhm, Ed., in *Wädensweil* am Zürichsee.
Hanfschlauchfabrikation.

Holtz, J., in *Eberswalde*, Jägerstr. 4.

Holzschuher, Gebrüder, in *Schleiz* in Reuss.
Metallwaarenfabrik, prämiirt auf d. Feuerwehrgeräthe-Ausstellungen
in Altenburg, Schaffhausen, Plauen i. V.
Liefert alle erdenklichen Sorten Laternen für Feuerwehren, nach
jeder Angabe, Muster oder Skizze, und hält stets Lager von ca. 30
Sorten practischer, ausprobirter, bewährter Feuerwehrlaternen.
Rauchbrillen, Helmraupen, Fackellampen.

Hönig, August, in *Köln* a. Rhein.
Kgl. Preuss. Hoflieferant. Firmainhaber: Aug. und Fritz Hönig.
Fabrik von Feuerspritzen und Zubringer verschiedener Bauart, Hanf-
schläuche, Feuereimer, Equipirungsstücke f. Feuerwehrleute, Steiger-
und Rettungs-Geräthe für Wehr- u. Privatleute, Beleuchtungsartikel
für Wehren, Control- u. Signal-Instrumente. — Garten-Bewässerungs-
Vorrichtungen.
Grosse illustrirte Preislisten gratis.
Vertreter gesucht.

Horbelt, Bernh., Sohn, in *Sommerhausen* a. Main.
Specialität: Feuerwehrgurte in allen Webarten, Armbinden, Fackel-
dochte, Schläuche und Normalgewinde (Metz) von 6 M. an.
Prämiirt Nürnberg 1882, höchste Auszeichnung für Gurten.

Horn, Guido, Feuerlösch- und Imprägnirfabrik, in *Chemnitz*.

Hornemann, F., in *Eberswalde*.

Hoschka, Carl, in *Starnberg*.
Schlosserei und Bauwerkstätte für fahrbare Anszieh- und Schieb-
leiter; empfiehlt seine patent. Leitern mit Rettungswerk (liefert
selbe auch ohne Rettungswerk) 2-, 3- und 4theilig ineinandergehend,
von 10 bis 30 Meter Länge.
Beschreibung, Zeugnisse und Preisliste gratis.

Höse, E., in *Rostock* in Mecklenburg.
Apparat zur Ortsbestimmung nächtl. Feuersbrünste.

Huber, G., Schlauchfabrik, in *Durlach*.

Huber, J. A., & Söhne in *Rosenheim*.

Huff, Emil, in *Berlin* S. W., Johanniterstr.

Hugger, W., in *Rottweil*.

Jacob & Becker in *Leipzig*.

Jacobi, Georg, in *Homburg* v. d. Höhe.

Janowitz, Josef, in *Amstetten,* Oesterreich.

Jauck, G. A.. in *Leipzig.* Begründet 1796.
Fabrik von Feuerlöschmaschinen für Dampf- und Handbetrieb, Sauge-
und Druckschläuche, Wasserwagen und Schlauchhaspelkarren.
Prämiirt mit höchsten Auszeichnungen.

Imprägnirungs-Anstalt, s. Deutsche Imprägnirungs-Anstalt.

Joos, Flaschner, in *Heslach* bei Stuttgart.

Jsler, U., in *Winterthur.*

Jtzehœer Eisenwerke in *Jtzehœ.*

Jungbluth, Paul, Gummiwaaren-Fabrik, in *Berlin.*

Jung, Philipp, in *Darmstadt,* Bleichstrasse 11.

Junger, G., in *Salzburg.*
Feuerwehr-Requisiten.
Specialität: Feuerwehr-Laterne, patentirt für's deutsche Reich.

Jungmann, Richard, in *Leipzig,* Gerichtsweg 11.
Feuerwehrrequisiten- und Turn-Geräthe-Fabrik.
Inhaber: Carl Friedr. Richard Jungmann, Feuerwehrtechniker.

Jüngermann, E. H., in *Lüdenscheid,* Westfalen.
(S. Inserat.)

Kah, Stanislaus, Lithographische Druckerei, in *Baden-Baden.*

Kaltenecker, J. L., & Sohn, K. bayer. Hof-Fabr., in *München.*
Eisendraht-Gardinen für Theater.

Kamin & Egberts in *Bremen.*
Rettungsapparate.

Kannegiesser, Gustav, Zinngiesserei, in *Weissenfels* a. S.

Kauffmann, Gebr., Manchesterfabrik, in *Stuttgart.*

Kaufmann, C. F., in *Heidelberg.*
Ehrenblätter bezw. Diplome für Feuerwehrmänner.

Keller, F., in *Arbon,* Schweiz.
Feuerwehr-Requisiten.

Kellenbach, A. v., in *Stuttgart.*

Kelling in *Dresden.*
Heizungs- und Ventilationsanlagen.

Kempf, Paul, Klempner, in *Ortrand,* Prov. Sachsen.
Specialität: Steiger-Laternen.

Kerler, H., in *Lechhausen* bei Augsburg.

Kernreuter, Fr., in *Wien-Hernals,* Hauptstr. 117.
K. k. priv. Maschinen-, Pumpen- und Spritzen-Fabrik.
Empfiehlt sich zur Lieferung von Feuerspritzen mit Kugelventilen,
ferner aller sonstigen Gattungen von Pumpen und Spritzen, sowie
aller Sorten von Feuerwehr-Ausrüstungen in anerkannt bester Qualität. — 54 Auszeichnungen. — Preis-Courante gratis und franco.

Kieslich, Gebr., in *Patschkau.*
Maschinen- und Spritzen-Fabrik.
Fertigen ausschliessl. als Specialität Spritzen in jeder gewünschten
Grösse nach neuester und bewährtester Construction unter Garantie
und soliden Bedingungen.

Kiessling, W., & Co., Lampenfabrik, in *Dresden.*

Kirchdörfer, C., Feuerspritzenfabrik, in *Schwäb. Hall.*

Kirchmair & Sohn, Kgl. Hof-Löschmaschinenfabr., in *München.*

Kirch-Schweitzer, Ad., Feuerlöschspritzenfabr., in *Freiburg* i. B.

Kitzinger Farbenfabrik, C. Pflug, in *Kitzingen* a. M.
Specialität: Pflug'sche Platinfarben. Vorzüglich conservirendes An-
strichmaterial für Feuerwehr-Geräthe.

Klein, Bruno, in *Freiberg.*

Klein, W., in *Nördlingen.*

Klemm, Bernh., in *Dippoldiswalde* i. S.
Turn- und Feuerwehr-Geräthe-Fabrik.

Klette, H., in *Zwickau* i. S.

Knaust, Wwe., in *Wien,* II. Bezirk.
K. K. a. priv. Maschinen-, Feuerlöschgeräthe- und Metallwaaren-
Fabrik. 54 goldene und silberne Ehrenmedaillen. Etablirt 1823.
Specialität: Dampfspritzen, Wagenspritzen, Abprotzspritzen, Kipp-
spritzen, Karrenspritzen, Gartenspritzen, Extincteure, Requisitenwagen, Mannschaftswagen, Wasserwagen, Schläuche, Eimer, Schlauchhaspelkarren. — Persönliche Ausrüstungs-Gegenstände für Feuerwehren: Helme, Beile, Gurten, Carabiner etc.
Beleuchtungs-Apparate, Signal-Instrumente, Steiggeräthe, Schiebleitern etc. etc.

Knecht, C., in *Stein* a. Rh., Schweiz.
Fabrikation v. Feuerspritzen, Wasserzubringern, Schlauchwagen mit
Haspel, Schiebleitern, Dachleitern etc.
Zürich 1883. Diplom für sehr gute und solide Construction sehr
leistungs- und manövrirfähiger Spritzen.

Knittel, G., in *Lauban.*
Turn-Apparate.

Koch, G., in *Neuburg* a. D., Kasernstr.

Kohlndörffer, Max, in *Landshut.*
Prima Hanfschläuche, Feuereimer und Feuerwehrgurten.

Kohn, Eugen, in *München,* Rindermarkt No. 15.

Köllich, J., in *Graz,* Mariahilfer Str.
K. K. ausschliessl. priv. Special-Etablissement für Feuerwehrleitern
und Feuerwehr-Requisiten aller Art.

König, Chr., Mechaniker, in *Lauffen* bei Balingen.

König, Conrad, in *München,* Maximilianplatz 2.

Königin-Marienhütte, Actien-Gesellschaft, in *Cainsdorf* i. S.
Ueberflur-Hydranten, System Cramer. Petroleum-Fackeln, Pat. Klette.

Kopp, Zeugschmied, in *Vilsbiburg.*

Kornmann, Josef, Schlauchweberei, in *Salzburg.*

Kössler, Josef, Seilerwaarenfabrik, in *Bozen.*

Kotthaus, Ernst, in *Dresden.*
Prima Spritzen-Hanfschläuche.

Kraas & Cie. in *Hamburg.*
Rettungs-Apparate.

Kragl, Carl, jun., in *Pressburg,* Ungarn.
K. K. priv. Telephon- und Telegraphenbau-Anstalt. Verfertigt Signal-
telegraphen nach jedem System, und installirt ganze Anlagen von
Feuertelegraphen mit und ohne Telephon.

Krauss & Co., Locomotiv-Fabrik, in *München* und *Linz* a. D.
Specialität: Dampf-Feuerspritzen eigener erprobter Construction.

Krause, Carl Wilh., in *Dresden,* Schäferstr. 43.
Feuerwehr-Fackeln.

Krauth, J., in *Frankfurt* a'M.

Kreiss in *Hainsberg.*

Kretzschmar, Rudolf, in *Markneukirchen.*
Feuerwehrhupen, Pfeifen, Lärmhörner, Sprachrohre, Becken, sowie
alle Sorten Musikinstrumente u. s. w.

Krieg, Gustav, in *Leipzig,* Schützenstrasse 18.
Gummi- und Guttaperchawaaren-Fabrik.
Specialitäten: Gummi-Spiralsaugschläuche, Hanfgummischläuche rund
gearbeitet, Hanfschläuche roh und imprägnirt, einfach und doppelt,
auf den höchsten Druck probirt, beste gefirnisste Hanf-Feuereimer
und Hanfklappeimer. Leibgurten für Feuerwehrmänner, Rettungs-
säcke und Sprungtücher.

Krüger in *Celle.*

Krupp, Friedrich, in *Essen.*

Kuert, Joh., Schlauchfabrik, in *Rütschelen* i. d. Schweiz.

Kühlstein, E., in *Berlin-Charlottenburg.*
Feuerwehr-Spritzen.

Kühlwein, Leonh., in *Dresden.*

Kühn, Gustav, Hoflieferant, in *Neu-Ruppin.*
Als Decoration für Festlocale etc. empfehle auf Papier in bunten
Farben: Feuerwehrmann in Lebensgrösse pr. Stück 60 ₰ und Tableau
mit Kranz und Feuerwehr-Insignien (Inschrift: „Gott zur Ehr', dem
Nächsten zur Wehr") pr. Stück 30 ₰. — Ferner Germania, Will-
kommen etc.

Kurtz, Heinrich, in *Stuttgart.* Gegr. 1690 in Reutlingen, seit
1803 in Stuttgart.
Feuerspritzen-Fabrik und Glockengiesserei.
Prämiirt in: Cannstatt, London. Cöln, Paris, Krakau, Altona, Herisau,
Linz, Ulm, Pest, Offenburg, Bruchsal, Brüssel, Wittenberge, Pforz-
heim, Eberswalde, Dresden, Stuttgart.

Kuster & Sohn in *Krummenau*, Schweiz.

Kusterer, F. X., in *Augsburg.* Gegründet 1870.
Fabrik sämmtlicher Feuerwehr-Ausrüstungs-Gegenstände.
Specialität: Metall-Helme aus Neusilber, Messing, Stahlblech, Nickel-
stahlblech, Leder u. Filz. — Treu'sche-Ausstelleiter, Schlauchhaspel,
Requisitenwagen (Patent), Schlauchbinden und Rettungsapparate. —
Hanfschläuche, Gewinde, Laternen, Petroleumfackeln, Abzeichen und
Marken aller Art. Prämiirt Waldheim, Pforzheim, Nürnberg, Amster-
dam etc. etc.
Preislisten u. Muster gerne zu Diensten. Wiederverkäufer Vorzugs-
preise.

Kux, Wilh., Nachfolger, in *Halberstadt*, Preussen.
Mechanische Manufactur technischer Gewebe und Gummiwaaren-
Fabrik.
Prämiirt durch 20 Medaillen.
Specialität: Rohe Hanfschläuche, mit Gummi imprägnirte, resp. prä-
parirte Hanfschläuche, Saugeschläuche, rohe, gefirnisste u. gummirte
hanfene Feuerlöscheimer, Leibgurten für Feuerwehrmänner, Rettungs-
säcke und Sprungtücher.
Preisliste No. 1: Hanfschläuche u. Feuerwehrutensilien. — Preisliste
No. 2: Hanfriemen. — Preisl. No. 3: Biertrubsäcke. — Preisl. No. 4:
Techn. Gummiwaaren

Lages, H., in *Zorge* am Harz.

Lændler frères in *Wien* I, -Seilergasse 2.

Lange & Gehrkens in *Ottensen.*

Lange & Pöhler in *Arnstadt*, Thüringen.
Hanfschläuche. Gummirte Schläuche, Wassereimer, Doppellauf-
schläuche bis zu 15 Atmosphären Druck aushaltend, ohne Wasser
zu verlieren.

Langensiepen, Richard, Maschinenfabr., in *Buckau-Magdeburg.*

Lausitzer, Maschinen-Fabrik, in *Bautzen.*

Laux, H., in *Hohenstein* bei Chemnitz.
Zusammenlegbare Tragbahren für Feuerwehren.

Lederle, W., & Co., in *Freiburg* i. Br.

Lehmann, Max, in *Pirna* a. d. Elbe, Gartenstrasse.

Lichtenberger, Georg Eugen, in *Dresden.*

Lieb, J. G., in *Biberach*, Württemberg.
Fabricirt und hält grösstes Lager in sämmtl. Feuerwehr-Requisiten.

Liebtreu, Friedrich, in *Frankfurt* a. M.
Strahlrohre, Hydranten, Schlauchverschraubungen etc.

Liebtreu & Mack in *Frankfurt* a. M.

Lincke, Franz, in *Berlin* C., Gypsstr. 15.
Militär-Effecten-Fabrik. Empfiehlt sich zur Anfertigung aller Feuer-
wehr- und Militär-Effecten zu den billigsten Preisen.

Link, Max, & Sohn in *Oberkirch*, Baden.
Fabrikation von Prima rohen Hanfschläuchen., gummirten Hanfschläuchen, Hanfriemen, doppelt und vierfach, für Transmissionen
und Fahrstühle, roh, getheert und gummirt, Hanfgurten für Schöpf-
werke, Elevatoren aus bestem Material, Feuereimer roh u. getheert,
Pechfackeln, Pechkränze in verschiedenen Grössen.

Lindemann, H., in *Klingenthal* i. S.
Musikinstrumenten - Fabrik. — Specialität: Signalinstrumente für
Feuerwehren. — Preislisten gratis und franco.

Link, Johs., Trommelfabrik, in *Weissenfels* a. d. Saale.

Linsenmeyer, Carl, in *Wien* I., Nibelungengasse 1 u. 3.
Amerik. Extincteure, patent. Schlauchverkuppelungen ohne Gewinde,
Roh-Hanfschläuche, doppeltstarke Roh-Hanfschläuche, rothgummirte
Hanfschläuche, Spiral-Saugschläuche aus bestem Gummi, messingene
Holländer Verschraubungen, Wiener Schlauchkitt nebst Schlauch-
pflaster und Feuereimer.

Linser, Christ., in *Reichenberg* i B.

Lippold. Wilh., Spritzenfabrik, in *Chemnitz*.

Lottholz, Fr., in *Regensburg*.

Litzelmann, in *Waldkirch*.

Lorenz, C., in *Berlin S.*, Oranienstr. 50.

Lübcke, Alexander, in *Dresden-Striesen*.
Gummi- und Guttaperchawaaren-Fabrik.
Specialität: Saug- und Druckschläuche, Feuereimer und wasserdichte
Kleidungsstücke.

Lüders, Richard, Civil-Ingenieur und Patentanwalt, in *Görlitz*.
General - Vertretung der Universal - Schlauchkuppelungen, Patente
Grether und Grether-Witte.

Ludwigsen & Wirth in *Lüdenscheid* i. Westphalen.

Lutz, A., & Co., in *Wien* I., Fleischmarkt 6.
Musikinstrumente für Feuerwehren.

Lützner, W., in *Glauchau,* Sachsen.
Mechan. Klöppelei und Schnüren-Fabrik. Specialität: massiv gekl.
Feuerwehr-Leinen aus Ia. Hanfbindfaden, in beliebiger Länge und
Stärke.

Magirus, C. D., Feuerwehr-Requisitenfabrik, in *Ulm*.
Gegründet 1864.
Prämiirt 56 mal; darunter 6 goldene Medaillen; erster und einziger
Leiternpreis auf dem Deutschen Feuerwehrtag in Dresden.
Illustrirte Preiscourante gratis.

Magnus, M. & H., in *Königsberg*, Preussen.
Fabrik und Lager von Feuerspritzen neuester Construction, Feuer-
löschgeräthen, Extincteuren etc.
Grösstes Lager von Pumpen jeder Art.

Mallet, C. M., in *Augsburg*.

Marcus, A., in *Berlin*, Admiralstr. 25.
Specialität: Wagen-, Feuerwehr-, Schaffner- und Handlaternen.

Marlinek, F., in *Fünfkirchen.*

Martin, É., & Co., Feuerlöschmassenfabrik, in *München.*

Marx, J. J., in *Lambrecht*, Pfalz. — Uniformtuch.

Mau, Bernh., in *Dux.*

Maury & Co. in *Offenbach* a. M.

May, O., in *Halle.*

Mayer, Josef, Kupferschmiedemeister, in *Pressburg.*

Meinecke, H., jun., in *Saalfeld.*

Meinert, Franz Heinrich, in *Berlin N. O.,* Kl. Frankfurterstr. 14.

Meisel, Oswald, in *Liegnitz.*
Grösstes Lager u. Fabrik v. Feuerwehr-, Signal- u. Alarm-Instrumenten.

Meissner, O., in *Glauchau.*

Meissner's, Moritz, Söhne in *Triesch* b. Iglau in Oesterreich.

Mende, Eduard, in *Teplitz.*

Mergenthaler, H., & Co. in *Ludwigsburg.*

Messerli, Adolf, in *Zürich*, Schweiz.
Erfinder eines Rettungs-Apparates.

Mestern, H., in *Berlin.*

Metallwerke, vormals J. Aders, Actien-Gesellschaft, in *Neustadt-Magdeburg.* C. Aders, Herm. Aders, G. Bredow. (S. Aders S. 1.)

Metz, Carl, in *Heidelberg.*
Begründer des freiwilligen Feuerwehrwesens.
Renommirteste Fabrik für Feuerlösch-Spritzen sowie sämmtlicher Feuerlösch-Geräthschaften:
Prämiirt mit den ersten Preisen auf allen grösseren Ausstellungen, wie Paris, Leobschütz, München, Riga, Mannheim, Strassburg, Krems a. d. Donau, Bochum, Metz, Linz a. d. Donau etc. etc.
Catalog gratis und franco.

Metz, J. H., Fahnenfabrik, in *Cassel.*

Meyer, H., in *Rudolstadt.*
Feuerspritzen- und Pumpenfabrik, Messing- und Eisengiesserei.

Micheroli, Adolf, in *Oberdöblingen.*
K. K. priv. Pölzungs-Apparat.

Mittelstrass, Gebr., in *Magdeburg.*

Mönch, Carl Johannes, in *Gotha.*

Moritz, C. W., Kgl. Hoflieferant, in *Berlin C.,* Gypsstr. 15,
Instrumenten- und Trommelfabrik. — Alarm-Hörner, Hupen etc.

Mörtl, G., in *München.*

Müller, F. W., in *Cannstatt.*

Müller, Julius, Schlauchfabriken, in *Chemnitz.*

Müller, Julius, in *Döbeln* i. S.
Feuerspritzen-Fabrik, patentirte und anerkannt beste Systeme mit
höchster Leistungsfähigkeit, Saugfähigkeit nicht unter 9 Meter.
Prämiirt auf allen Ausstellungen. Preise und Zeugnisse auf Wunsch.
Agenten gesucht!
Müller, Gottwerth, in *Jena.*
Feuerwehr-Mützen-Fabrik. — Handlung von Feuerwehr-Ausrüstungs-
Gegenständen.
Müller, Ludwig. in *Kranzegg*, Bayern.
Müller, Ignaz, in *Krumbach,* Schwaben.
Müller, L., Firma F. C. Jansen, in *München*
Müller, H., & Co. in *Offenbach* a. M.
Fabrikation aller Feuerwehr-Personalausrüstuugen, namentl. lackirter
Filz- und Lederhelme. Fabriciren auch alle übrigen Feuerwehr-
Requisiten, ausgenommen Spritzen.
Müller, Veith, Hutfabrikant, in *Schaffhausen.*
Müller, Vinc., in *Schombach* bei Eger.
Müller, Fritz, in *Salzuflen*, Lippe-Detmold.
Müller, Adolf, & Söhne, Broncewaaren- und e r s t e österr.
Feuerwehr- und Militär-Effectenfabr, in *Wien* VII, Bernard-
gasse 18. Gegr. 1838.
Erzeugt alle Gattungen militär. Kopfbedeckungen, sämmtliche Aus-
rüstungs-Gegenstände für Feuerwehren (excl. Leitern und Spritzen)
ferner alle Arten Abzeichen für Feuerwehren, Turner, Schützen,
Sänger und Veteranen, Schützen- und Kegelhüte, Cottillon-Orden
und Tanzordnungen.
Müller, Charles, in *Zittau.*
Müller, J., Ingenieur, in *Zürich*, Seidengasse 14.
Müller & Becker in *Biberach*, Württemberg.
Müntzberg, Rud., in *Ratibor.*
Nagel, C. H. & Söhne, Spritzenfabrik, in *Schleswig.*
Naglo, Gebr., in *Berlin* S. O.
Næher, J. C., in *Chemnitz.*
Neff's, Carl, Fahnenfabrik, in *Biberach.*
Neher'sche Fabrik, Johann, in *München.*
Fabrik für electrische Alarmwerke.
Nelke, Fr., in *Waltershausen.*
Neubäcker, W. H., Kupfer- und Messingwaarenfabr., in *Danzig.*
Neukäther, Ger.. in *Mülheim* a. d. Ruhr.
Nowitzky, Math., in *Brünn.*
Feuerwehr- und Turn-Requisiten-Fabrikant.
Obpacher, Gebr., in *München.*
Feuerwehr-Diplome etc. laut Cliché-Inserat.

Oechslin, J. H., in *Schaffhausen.*
Offenbacher Vaseline-Fabrik „Virginia", Petri & Stark, in *Offenbach* a. M.
Vaseline-Präparate und Mineral-Oele aller Art. (Specification s Ins.)
Oehlert, J., Tuchfabrik, in *Schönthal,* Neustadt a. Hardt.
Specialität: Uniformtücher für Feuerwehren.
Parsch, Aug., Sohn, in *Graupen.*
Pauly, Max, in *Eberswalde.*
Pellegrin, L. A. V., in *London.*
Feuerwehr-Schlauchverbindungen.
Perzager, J., in *Hall,* Tyrol.
Peter, Heinrich, in *Illnau.* Schweiz.
Feuerwehr-Requisiten.
Peterlongo Johann, in *Innsbruck.*
Tyroier Mode-, Feuerwehr-, Jagd- und Bauern-Loden von fl. 1 50 bis fl. 6. — pro Meter
Petri & Stark, s. Offenbacher Vaseline-Fabrik ‚Virginia".
Pfirsch, Wilh., in *Schweinfurt.*
Pflug, C., in *Kitzingen.* S. Kitzinger Farbenfabn.
Pick's, Wolf J.. Söhne, in *Goltsch-Jenikau* in Böhmen.
K. K. priv. Webwaaren-Fabrik. — Fertige Feuerwehr-Anzüge. — Stoffe auf Feuerwehr-Anzure.
Pick, Joh. Ed., & Co. in *Prag-Smichow.*
Chromolithographische Kunstanstalt. Liefert elegante Diplome mit Deutschem Reichsadler und künstlerischer Ausstattung tur Ehren-, gründende, beitragende u. wirkende Mitglieder zu billigsten Preisen.
Pieper, Adolf, Maschinenfabr., in *Mœrs* a. Rhein.
Specialität: Einfache Spritzen und Zubringer f. Gemeinden, Fabriken, Güter und Wehren. Gegen 100 Medaillen erhalten.
Pilz, C. F., in *Chemnitz.*
Fabrik für Kesselarmaturen, Handlung v. allen Feuerwehrartikeln.
Platz, Joseph, in *Rottweil* am Neckar.
Fabrikant patent. Rettungsapparate fur Feuerwehrmänner.
Polack, B., in *Waltershausen,* Thüringen.
Fabrik von Hanfschläuchen, roh und gummirt, Feuereimern etc. Liefert unter Garantie. — Gründung 1863.
Polatschek, F. A., in *Marburg* a. d. Drau.
Polenz & Richter in *Berlin* S. W., Kürassierstr. 4.
Pöntzsch, Rob., in *Freiberg.*
Popp, Gebr., in *Klein-Schmalkalden* i. Th.
Popp, Georg, & Söhne in *Klein-Schmalkalden* i. Th.
Fabrik anerkannt guter Spritzenschläuche, Feuereimer u. Gurten.
Posselt, A., Söhne in *Reichenberg,* Böhmen.

Prankel, Gebr., in *Gross-Strehlitz.*
Pressel, Paul, in *Königsee,* Thüringen.
Mech. Hanfschlauch-Weberei und Feuereimer-Fabrik.
Prokop, J. K., in *B. Leipa.*
Erste Feuerwehrhelm-Fabrikation in Böhmen.
Prosch, Anton, Klempnermeister, in *Tulln.*
Ramm, H. H. C., in *Plauen* i. V.
Rannenberg, Gustav, in *Hannover,* Hallerstr. 2.
Feuerwehr-Requisitenfabrik.
Specialität: Helme.
Rau, Ed. Metallwaarenfabr., in *München.*
Rauschenbach, H., in *Schaffhausen.*
Raydt, W., in *Hannover.*
Apparat zum Feuerlöschen mit flüssiger Kohlensäure.
Rebmann's, H., Erben in *Wädensweil* am Zürichersee.
Reinecke, Franz, Fahnen-Manufactur, in *Hannover.*
Reinshagen, Arnold, Gummiwaarenfabr., in *Leipzig.*
Remisch, Josef, in *Warnsdorf* bei Zittau.
Rentzch, Carl Aug., in *Freiberg.*
Reunert, Julius, in *Cassel.*
Ribbeck, Kupferschmiedemeister, in *Charlottenburg.*
Richter & Sparig in *Leipzig.*
Riedel, Wilh., Musik-Instrumentenfabr., in *Graslitz* i. Böhmen.
Riedl, M., Tuchhandlung, in *Pressburg,* Hauptplatz 4.
Ringelmann & Prenzler in *Osnabrück.*
Ritter, H., in *Bommern* bei Witten.
Ritter, Anton, in *Weipert.*
Rodner, André, in Firma **Müller & Rodner,** i. *München*, Thal 24L.
Verband-Täschchen für erste Hilfeleistung.
Rohm, Heinrich, in *Frankfurt* a. M.
Ueberspannte Stahlreife als Einlagefutter in Feuerwehrhelme.
Rohn, Jul., in *Greiz.*
Rönneburg, A., in *Uelzen.*
Rönnekamp, W., in *Plœn.*
Rosenbauer, J., in *Linz* an der Donau.
Erstes oberösterreichisches Feuerwehrgeräthe-Depot.
Rosenstein, L., in *Bochum.*
Rössner, C., in *Ebersbach* i. S.
Rost & Co., in *Dresden.*
Roth, G. P., in *Königsberg* i. Pr.
Hut-Manufactur. — Specialität: Fabrikation von Feuerwehrhelmen
Lager sämmtlicher Ausrüstungsgegenstände.

Röttig, Johann, in *Leopoldsruhe* in Böhmen, Kreis Leitmeritz.

Rücker, Georg, Uniformirungs-Anstalt, in *Pressburg*, Dürrmauththorgasse 8

Rudnick, Gelbgiesserei, in *Eisenach*, Unterstr.

Rudolph, Carl, Helmfabrik, in *Altenburg*.

Rudolph, J., K. k Maschinen-Inspector am Hoftheater, in *Wien*.

Rühlemann, Dr., in *Gohlis*.

Ruperti, Wilh., in *Dresden*, Röhrhofstr. 9.

Ruzicka, Anton, in *Teplitz*.

Sacher, Friedr., Nachfolger, Spritzenfabr., in *Prag*.

Sahlberg, Oberst der Barmer Feuerwehr, in *Barmen*.

Samassa, Alb., in *Laibach*.

Sandreuter, Emanuel, Spenglermeister, in *Basel*.

Sandrock, Herrm., Hoflieferant, in *Berlin* W., Köthenerstr. 15.
Harz-Fackelu in bester und guter Qualität und sparsamen Brennens, billigst in jeder Grösse und jedem Gewicht.

Säuberlich, Hermann, in *Freibergsdorf* bei Freiberg i. S.
Fabrik von Spritzen, Pumpen und aller Feuerwehrausrüstung.

Sauerberg, J., in *Lützenburg* in Schlesw.-Holstein.

Schachert, M., in *Berlin* S. O., Forsterstr. 2.

Schäfer, Louis, Löschmaschinenfabr., in *Würzburg*.

Schäffer & Budenberg, Maschinenfabr., in *Buckau* bei Magdeburg.

Schaft, August, Schlauchweberei, in *Waltershausen*.

Schalch, Konr., in *Schaffhausen*.

Scharf, H., in *Bauckau* bei Herne, W.

Scharlach, Louis, in *Hamburg*.

Scheffel, Friedr., & Co. in *Reichenberg* i. B.

Scheibe, R., Verlag des Feuerwehrmann, in *Leipzig*.
Lager der neuern Feuerwehr-Literatur.

Schelle & Blasneck in *Biberach*.

Schenk, Gebr. v., in *Heidelberg*.

Schenk, Ferd., Feuerspritzenfabr., in *Worblaufen* bei Bern.

Schick, G., Mechaniker, in *Schaffhausen*.
Erfinder und Fabrikant der Schweizerischen Normalschlauchverbindungen.

Schleicher, Bruno, Turngeräthe-Fabrik, in *Wien* II., Wienstrasse 9.

Schliechau. Schlauchfabr., in *Fröttstadt*.

Schlüter, Louis, in *Lüneburg*.

Schmickler, J., in *Bochum*.
Schmid, Fabrik von Schlauchschlössern, in *Bielach* i. d. Schwe˙
Schmidt, O. C., in *Breslau*.
Schmidt, Carl, in *Schweinfurt*.
Schmidt, Jul., in *Seifhennersdorf*.
Schmidt, H., & Sohn in *Linden* bei Hannover.
Schmitz, Maschinenfabr., in *Hœchst* a. M., Gr. Hessen.
Schneider, Ludwig, in *Müllheim*, Baden.
Schneider, Joh. Adam, in *Klein-Schmalkalden*.
Schneider, Joh. Heinrich, in *Klein Schmalkalden*. .
Schneider, Joh. Hugo, in *Klein-Schmalkalden*.
Schneider, Alb., Fabrik für Feuerlöschwesen, in *Stuttgart*.
Schober, G., in *Bautzen*.
Scholz, Jul. A., Wwe., in *Breslau*.
Scholz, Carl, in *Oppeln*.
Schöne, G. Aug., & Sohn in *Dresden*, Trompeterstr. 17.
Schöppe, Oscar, in *Leipzig*.
    Blitzableiter und Telegraphen-Bau-Anstalt.
    Specialitaten: Feuertelegraphen-Anlagen für Städte und Fabriken.
    Telephon-Anlagen zuverlässigster Construction.
Schreiber's, Carl, Nachf. in *München*, Karlsthor-Rondel 10.
Schuler, C.. in *Berg* bei Stuttgart.
Schüler, W., Spritzenfabrik, in *Scheessel*.
Schüll, A.. Fackelfabr., in *Würzburg*.
Schultz, E.. in *Aschaffenburg*
Schulze. F. F. A., in *Berlin N. W.*, Charitéstrasse 6, Ecke de
    Karlstrasse).
Schumann, Fr., Spritzenfabrikant, in *Naumburg* a. S.
Schwarze, Albrecht in *Königstein* i. S.
Schwarzenbach, J. J.. Fabrikant, in *Horgen*, Schweiz. ˙
Schweizer, J., Schriftwart d. Freiw. Feuerwehr, in *Oberhollo*
    brunn.
Sebastian in *Wien*.
    Englische Wasser-Anlagen.
Sedler, E., Tuchmacher, in *Mering* bei Augsburg.
Sedlmayer, Andre: s, in *München*, Anger 20.
Segesvary, Dionis, Kupfer- und Metallwaaren - Fabrikant, i
    Pressburg.
Seible, G, in *Stuttgart*. — Feuerwehrbeile.
Seifert, Heinrich, in *Gochsheim* in Bayern. .
    Depot v Feuerwehr-Joppen nach Muster des Bayr. Landesverbandes

Seifert, Josef, in *Pressburg*, Spitalgasse 18.

Selder, E., in *Mering* bei Augsburg.
Tuchmacher: Stoffe zu Feuerwehr-Uniformen.

Seltenhofer, Friedr., & Sohn in *Oldenburg.*

Seyboth. J. D., in *Regensburg.*

Seydel, J. C., Musik-Instrumenten-Fabr., in *Untersachsenburg.*

Seyfert, Richard, Trommelfabrik, in *Markneukirchen.*

Siegle, Leopold, in *Augsburg.*

Siegrist, E., Wagenbauer, in *Basel.*

Sillcox, Georg W., in *Bremen.*

Slawik, W., Wagenfabrikant, in *Neutitschein.*
Universal-Mannschafts-Geräthewagen für Feuerwehren.

Smekal's, F., Wwe. in *Czech* bei Olmütz.
Feuerspritzen-, Requisiten- und Schlauch-Fabrik.

Smekal, F., in *Prag*, Smichow, Hussgasse.

Sondermann, B., in *Linderbach* bei Vieselbach bei Erfurt.

Sorge, H., in *Vieselbach*, Thüringen (früher in Erfurt).
Spritzenfabrik und Pumpenbau-Anstalt.
Specialität: Exact wirkende Feuerlöscheinrichtungen für Hand- und
Maschinenbetrieb sowie an Wasserleitungen.
Preisverzeichnisse, Zeugnisse etc. gratis und franco.

Spannagel, J, A. in *Regensburg.*

Specht, F., in Firma **G. Ch. Will,** in *Schweinfurt* in Bayern.
Feuerwehrtuche.

Sperl, Julius, Bandagist, in *Salzburg.*

Spilker, F. G., in *Alsleben* a. S.
Fabrik für Spritzen. Mehrfach prämiirt.

Stahl, Joh., früher **Fischer & Stahl,** in *Nürnberg.*
Feuerwehr-Geräthe- und Wagenfabrik. — Specialität: Mech. Schiebleitern, mit und ohne Seilaufrichtung. 320 Stück im Gebrauch. Ab-
satz-Gebiet: Deutschland, Oesterreich, Schweiz, Holland. Alle Arten
sonstige Steig-Geräthe. Ausrüstungs-Gegenstände. Schlauchhaspel
mit neuer Feststellung. Mannschafts-, Geräthe- und Wasserwagen.
Vielfach prämiirt. Preisliste gratis und franco.

Stalder, J., in *Oberburg*, Canton Bern.
Mechanische Werkstätte für Pumpen- und Spritzenbau.

Steinbrecher, Anton & Fritz, in *Mährisch-Trübau*

Stieber, Georg, in *Nürnberg*, Regensburgerstr.

Stiefenhofer, Gebr., Verbandstoff-Fabr., in *München.*

Stierlin-Habicht in *Schaffhausen.*

Stirnemann & Co. in *Zürich.*

Stohrer, Trommelfabr., in *Stuttgart.*

Stone, William, Feuerwehr-Leiterfabr., in *Prag.*

Strasser's, P., Hut-Niederlage, in *Wien* III, Landstr.
Streithof, Gustav, in *Barmen.*
Stromeyer, L., & Co. in *Constanz.*
Strübin, Albin, in *Liestal* in der Schweiz.
Strütt, Carl, in *Basel.*
    Feuerwehr-Requisiten.
Stumpf, F. J., in *Breslau,* Kleine Burggasse.
Sulzer, Gebr., in *Winterthur.*
Süss, Chr., in *Regensburg.*
    Feuerwehr-Ausrüstungsgegenstände.
    Specialität: Fabrikation von Messinghelmen.
Suter, Robert, Schlauchfabrik, in *Thayngen* bei Schaffhausen.
Tannhäuser, Albert, Nachtolger, in *Berlin,* Breitestr. 13.
Taucher, Paul, in *Nürnberg,* Kaiserstr. 20, Schwabenmühle.
Texdorf, A., in *Eberswalde.*
Thomas, P. H., Rheinisch-Westfälische Turngeräthe-Fabrik, in
    Cöln.
Thumhart, Jos., in *München,* Schäfflerstr. 11.
Thumhart, X., in *München,* Schäfflergasse.
Tidow, Louis, Feuerspritzenfabr., in *Hannover.*
Timm, E., in *Lüneburg.*
Tippmann, Joh., in *Teplitz.*
Tober, Franz, Kaminfeger, in *Saaz.*
Tobler, G. L., & Co. in *St Gallen.*
Tourneur, E., K. k. Univ.-Kalligraph, in *Wien.*
    Diplome für Mitglieder und Ehrenmitglieder der Feuerw.-Vereine.
Träger, Hermann, in *Leipzig,* Poniatowskystr. 11.
Trommelfabrik in *Weissenfels,* s. Link, Johs.

Uhde, A., in *Neuschönefeld,* Clarastrasse.
Ullmann in *Zürich.*
    Extincteure
Undeutsch, Josef, in *Weida* in Thüringen.
    Spritzenschläuche.

Verbandstofffabrik, internationale, in *Schaffhausen.*
Ville, D., in *Marseille,* Frankreich.
Vitt, A. E., Klempner, in *Freiberg* i. S.
Vogel, Jean, in *Speyer.*
Voigt, J. G. P., Wollwaarenfabr., in *Neumünster.*
Vollmer, Alb., in *Ehingen.*

Vollrath, C., & Sohn in *Blankenburg* in Thüringen.
Mechanische Weberei technischer Gewebe, fertigen als Specialität
rohe Hanfschläuche, Doppel-Hanfschläuche, gummirte Hanfschläuche,
Feuereimer, Sprungtücher etc. etc.

Wagner & Co. in *Cœthen.*

Walcher in *Glarus.*

Waldisimir in *Barmen*, Zeughausstrasse.

Wally, Franz, Herren-Kleidermacher, in *Wien III*, Hauptstr. 51.

Walser, Franz, in *Budapest.*
Erste Ung. Maschinen- u. Feuerlöschgeräthefabrik, gegründet 1858.
Specialität: Dampfspritzen neuester Construction, Hydrofore u. Hand-
spritzen; prämiirt auf allen Welt- und Landes-Ausstellungen und
ung. Feuerwehrtagen.
Filialfabriken: in Klausenburg (Siebenbürgen) und Bukarest (Ru-
mänien). — Reichhaltiger illustr. Catalog gratis und franco.

Walter, Josef, in *Auscha*, Böhmen.
Feuerwehr-Uniformen.

Waltl, J., Lithogr. Anstalt, in *Linz* a. d. Donau.

Wanner in *Zofingen*, Schweiz.
Extincteure.

Warmuth, Heinr. Wilh., in *Dresden.*
Fabrik flach- und rundgewebter Hanf- und Baumwollschläuche, so-
wie Spiralschläuche.
Specialität: Rundgewebte mit Para-Gummi gummirte Schläuche.

Weber, Kürschner, in *Aschaffenburg.*

Weber, Florian A., in *Aussig* a. d. Elbe.

Weber in *Gotha.*

Weber, Richard, in *Leipzig*, Windmühlenstrasse 47.
Generalvertreter von C. und E. Fein für Telegraphenbau.
Elektrische Beleuchtung.
Mathematische Instrumente.

Weber, Aug., Instrumentenfabrik, in *Löbau.*

Weber & Rossberg in *Zittau* i. S.

Weerth, A., in *Leipzig*, Nicolaistrasse 39.
Specialität: Steigerlaternen.

Wehner, Gustav, in *Camenz.*

Weidlein, Ludwig, in *Pfaffenhofen* a. d. Ilm, Oberbayern.
Feuerwehr-Helm-Fabrik.

Weig, J., Kreis-Cultur-Ingenieur, in *Dortmund.*

Weimann, Ingenieur, in *Winterthur*, Schweiz.

Weinberg, C., in *München.*

Weinhart, Hermann, in *München*, Lauderstr. 66.
Fertigt fahr- und tragbare Schubleitern, sowie sonstige Steiger-
Requisiten für Feuerwehren und industrielle Zwecke.

Weippert, W., Seilermeister, in *Stuttgart.*
Weise & Monski, Maschinenfabrik, in *Halle* a S.
Weiss H., in *Schneeberg.*
Weissenburger, Herm., & Co. in *Cannstadt.*
 Fabrik completer Feuerwehrausrüstungen für Inland und Export.
 Solide elegante Arbeit und billigste Preise. Musterbücher gratis
 und franco. Händlern und Agenten werden coulanteste Bedingungen
 gestellt. Correspondenz deutsch, französisch, englisch, italienisch
 und spanisch.
Weller, Im., in *Kirchberg* i. S.
Welsch, Chr., in *München.*
Wendt, Frankf. Gummiwaarenfabr., in *Frankfurt* a. M.
Wenzel & Strecker in *Leitmeritz.*
Wenzler, Otto, in *Emmendingen,* Baden.
Werner, F. A., in *Artern* a. d. Unstrut, Mgdb.-Erf.-Bahn.
 Glockengiesserei, Metallgiesserei in Roth- und Messingguss.
 Fabrikation von Feuerspritzen.
Werner, Emil, in *Oederan* i. S.
Wersing, Gg., Spengler, in *München,* Ottostr. 1a.
Weyermann-Schlatter in *St. Gallen,* Brühlgasse 34.
Weyrer, Joh. Matth., & Söhne in *Innsbruck.*
Widmer, S. & R., in *Gränichen* bei Aarau.
 Hanfene Spritzen- und Gartenschläuche, garantirt wasserdicht.
 Ehrenmeldung Bern 1874.
Wienhold, Oscar, in *Aussig* a. d. Elbe.
Willmann, Otto, in *Brandenburg* a d. Havel.
Willmann, C., in *Dortmund.*
Winden, Jos., Nachfolger, in *Ludwigshafen.*
Wittmer, Chr. A., in *Ludwigsburg.*
Wittmer, Louis, in *Ludwigsburg.*
Wohlfarth, Theod., in *Kempten.*
Wolff, Otto. in *Dresden.*
Wolff, Gebr., in *Kreuznach.*
Wolff. Carl. Metallwaarenfabrik, in *Nürnberg.*
Wunder, Oscar, in *Breslau.*
Wunderli, C. H., in *Zürich,* Schweiz.
 Fabrikant von Patent-Gummiwaaren.
Würgler, Carl & August, in *Feuerthalen,* Schweiz.
 Hanfschläuche bester Qualität.
Zabel & Co. in *Quedlinburg.*
Zachariæ, Bernh., in *Leipzig.*

Zander & Hoff in *Frankfurt* a. M.
Zapp J., in *Bochum*.
    Feuerwehrgeräthe
Zelesnik, Kaufmann, in *Beuthen*, Schlesien.
Zenker, Aug., Tuchfabrik, in *Neustadt* a. d. Orla.
Ziegler, Ferd., & Co. in *Breslau*.
Zimmermann, C., Spenglermeister, in *Augsburg*.
Zschack Otto, in *Culm* i. M.
Zschockelt, Louis, in *Podersam*, Kreis Saaz.
Zulauf & Co., Maschinenfabrik, in *Mainz*.
Zünd, J. U., Schlauchfabrikant, in *Stäfa* bei Zürich.
Zwarg, Jul. Otto, in *Freiberg*, Kesselgasse 613.
Zweigel, Rudolf, in *Sternberg*, Mähren.
    Sprungtücher, Rettungsschläuche und Sternberger Rutschtuch.

Literatur des Feuerlöschwesens
1665—1884.

Abbildung und Beschreibung einer Rettungs-Maschine in Feuersgefahren, welche in Städten und kleinen Dörfern ohne grosse Kosten angeschafft werden, und durch deren Hilfe man bis zu einer Höhe von 30 Ellen Menschen retten und Sachen in Sicherheit bringen kann. Mit Kupfertafeln. 3. Aufl. gr. 8. Leipzig (Nauck) 1817.   M. —.50

Abbildung und Beschreibung der Feuer-Rettungsmaschine, erfunden v. Sattlermeister Leonhardt. gr. 8. Berlin, Leipzig (Metzer) 1822.   M. —.50

v. Aken, F. J., Abhandlung von der besten Feuerlöschungs-anstaltenweise mit dazu eingerichteter Brandgeräthschaft etc.; aus dem schwedischen übers. von E. Weigel, mit 3 Kupfer-tafeln. gr. 8. Berlin, G. Reimer, 1798.   M. 2.50

Alfing, Spritzenfabr., die Schlangen-Feuerlöschspritzen, mit 13 Tafeln und 105 Fig. 2. verm. Auflage. Weimar 1849. B. F. Voigt. 8.   M. 5.25

Alvensleben, L. v., über Schutz gegen Feuerschaden, Beleuchtung der Vorzüge und Mängel der öffentlichen Löschanstalten und der Brandversicherungs-Gesellschaften. Winke und Rathschläge für alle Versichernden, sowie Angabe verschiedener Feuerlöschmittel. Jedermann in Stadt u. Land, namentl. Behörden, Familienvätern, Fabriks- u. Handlungsbesitzern zur besonderen Beachtung empfohlen. 8. (III. u. 88 S.) Leipzig (Hunger) 1859.   M. —.80

Andrissen, P. J., de Amsterdamsche Brandweer of de Kamp tegen het vuur. 1875.

Anleitung zur Errichtung von Feuerwehren. Herausg. von dem Ausschusse des pfälz. Feuerwehrverbandes. 8. (87 S.) Speyer, Verlag des Vereins, 1873.   M. 1.—

Anleitung für die Gerichtsobrigkeiten bei der Einrichtung der Brandschäden. gr. 8. Leipzig, Kummer. M. —.40

Anleitung zur Organisation und zum Exercieren einer Feuerwehr des deutsch-tyrolischen Gauverbandes. gr. 16°. (40 S. mit 2 Tabellen in 4° und 13 Steindruck-Tafeln in 4° und Folio,) Innsbruck, Wagner, 1874. M. 1.60

Anleitung zur Verhütung der Feuersnoth, für die schlesische Jugend, nach Vernunft, Christenthum und Landesgesetzen abgefasst. Breslau (Hentze) 1827. gr. 8. M. —.30

Anleitungen für den Dienst der Feuerwehr-Commandanten. München, G. Franz, 1880. kl. 8. (30 S.) Cart. M. —.45

Anweisung wie grosse und kleine Feuerspritzen zu halten sind. Fol. Glogau (E. F. Gunther) 1780. M. —.40

Anweisung über die Aufbewahrung und Handhabung der Feuerspritzen und anderer Löschgeräthe, und Feuerlöschregeln des Feuerwehr-Verbandes der Provinz Sachsen.

Assmann „Pro memoria". Ueber Leipzigs Feuergeräthe und Bedienungs-Mannschafts-Transport und dieserhalb bedingte Reorganisation des Löschwesens. Leipzig, 1875. M. 1.—
— Organisation des Feuerlöschwesens zu Frankfurt a. M. nebst vollständigen Instructionen und Exercierreglements für die Mannschaften d. Feuerwehren. gr. 8 (352 S.) Frankfurt a. M., Selbstverlag, 1877. M. 4.—

Aureli, Karl, Liederbuch für Land-Feuerwehren. Eine Sammlung alter und neuer Liedertexte mit ihren Singweisen. 2. Aufl. Freising, F P. Datterer. 16. (64 S.) M. —.25

Bach, C., die Construction der Feuerspritzen mit in den Text gedruckten Abbildungen und 36 Tafeln. Stuttgart 1883. J. G. Cotta. M. 16.—

Barrie, Carl, die Löschung einer Feuersbrunst u. Massregeln gegen ihre Verbreitung. In Bezug auf den jüngsten grossen Brand in Hamburg dargestellt und erläutert. gr. 8. Rostock und Schwerin, Stiller. 1842. M. —.75

Barth, G. F. Wie kann der Staat Brandunglück möglichst verhüten? Ein Beitrag zur Vervollkommnung unserer Brandcassen-Regulative. Meissen, Klinkicht & S., 1830. M. —.40

Barth, J. C., Nachricht von seiner neuen Erfindung einer Feuerspritze ohne Leder. Langensalza 1767.

B a u - und Feuerordnung für die Landgemeinden des Landrostei-Bez. Hildesheim. 8. (16 S.) Hildesh., Lax, 1868. M —.25

B e c h e r , P. Fehlt es unserm Zeitalter an neuen Vorschlägen und Anstalten zur Verhütung und Dämpfung der Feuersbrünste? 4. Lauban 1791.

— Ueber einige geheime Arten der Feuerentstehung, Selbstentzündungen genannt. 8. Ebend. 1792.

— Fortgesetzte Beiträge zur Verbreitung der neuesten Belehrungen wider Feuergefährlichkeit. 8 Ebend. 1783.

— Verhütung und Dämpfung der Feuersbrünste. gr. 8'. Ebendaselbst 1795.

B e c k m a n n , J.. Beiträge zur Geschichte der Erfindungen. Band IV. 1799. 8. (430 S.) Ueber Feuerspritzen.

B e h a n d l u n g , die, der Feuerlöschmaschine. Instruction für die Spritzenmannschaft und deren Chargirte. (Von L. Jung.) München, G. Franz, 1876. 16. (23 S.)   .   M. —.20

B e l i d o r , Architecture hydraulique. Paris, 1739.

B e r i c h t , kurzer, eines Augenzeugen über den Brand zu Waldkappel in der Nacht vom 25.—26. October. 8. (15 Seiten.) Cassel (Bertram) 1854.   M. —.25

B e r i c h t über den I. steierischen Feuerwehrtag in Bruck a. d. M. 8. Graz (Verlag des steier. Feuerwehr-Verbandes), 1871.

M. —.40

B e r i c h t über die Thätigkeit der freiw. Feuerwehr-Abtheilung des Brünner Turnvereines, seit ihrer Gründung 1866 bis Ende des Jahres 1876. Brünn (Verlag der Feuerwehr-Abtheilung).

— über die Thätigkeit der freiw. Feuerwehr-Abtheilung des Brünner Turnvereines für das Jahr 1877, 1878. Brünn (Verl. der Feuerw.-Abtheil.) 1878, 1879.

B e r i c h t der freiw. Turner-Feuerw. in Essen, über einen Conflict derselben mit dem dortigen Ober-Bürgermeister v. 28. April 1874. Essen (Verlag der Turner-Feuerw.), 1874. M. —.50

— der intern. Jury der Ausstellungs-Commission zur Weltausstellung in Philadelphia 1876, über die Proben mit

Turbinen, Wasserrädern und Dampfspritzen. In's Deutsche übertragen im Auftrage des kgl. preuss. Ministeriums für Handel und Gewerbe. gr. 8. (III. 180 S. mit Fig.) Berlin, C. Heymann, 1879. M. 6.—

Bericht über die Verwaltung der Feuerwehr u. d. Telegraphen von Berlin f. d. Jahr 1880. Springer in Berlin. M. 1.60

— Dasselbe für 1881. Heymann Berlin M. 2.—

Bericht über die Verwaltung der Feuerwehr und der Telegraphen v. Berlin, im Jahre 1883. Herausgegeben von der Abtheilung für Feuerwehr im Königlichen Polizei-Präsidium zu Berlin. 1884.

Berndt, Feuerversicherung und Feuerwehr. Ein Mahnwort an die deutschen Gemeinden. gr. 8. (43 S.) Berlin, Angerstein, 1878. M. —.80

— die Feuerwehr in Baltimore. Eine Skizze aus dem Cultur- und Städteleben der Union. gr. 8. Ebend. 1878. M. —.80

Bernoulli, Danielis, Hydrodynamica. Strassburg 1738.
Enthält Fol 172 und Taf. VII die erste Anwendung des Windkessels zu Feuerspritzen von Perrault. M.

Beschreibung eines Wasserkrahns, welcher bei Feuersbrünsten nützlich zu gebrauchen. Cöln 1665.

Betrachtung, kurze, der besonderen Haushaltungsregeln wider Feuersbrünste.
Leipzig. Samml. 1756. 618—631. M.

Betrachtungen über die Sicherstellung gegen Feuersgefahr und Brandschaden, sowie über die Ausübung der Feuer- und Bau-Polizei im preuss. Staate, mit besond. Anwendung auf die Provinz Brandenburg und die Stadt Berlin, herausgegeben vom Bau-Insp. A. Emmerich, gr. 8. (15 S) Berlin, Reimer, 1848. M. —.40

Bigot, P., Feuerschutz, oder Sicherung vor und bei Feuersgefahr, mit Rücksicht auf die Vortheile des Massivbaues vor den andern Constructionsarten und Angabe der Mittel zur Verminderung der Feuerunsicherheit bei alten Gebäuden aller Art. gr. 8. Berlin, Heymann, 1836. M. 1 50

Binder, Dr. F., die elektrischen Telegraphen, das Telephon u. Mikrophon. Populäre Darstellung ihrer Geschichte, ihrer Einrichtung und ihres Betriebes; nebst vorangehender Belehrung über Erregung, Leitung und Geschwindigkeit des

elektrischen Stromes, u. einem bes. Kapitel über Anlage v.
Haus- und Feuerwehr-Telegraphen. Für angehende Tele-
graphisten, Post- und Eisenbahnbeamte. 3. Aufl. von Dr.
D. Lardner's „populärer Lehre v. d. Telegraphen". In voll-
ständiger Neubearbeitung. Mit 116 Abb. Weimar 1880,
B. F. Voigt. gr. 8. M. 6.—

Bird, Jos., protection against fire and the best means of putting
out fires in cities, towns and villages. London 1873. M. 7.20

Blücher, L. B., die Altenburger Feuerwehr-Denkschrift zum
25jähr. Stiftungsfeste. Nach vorhandenen Quellen, Urkunden
und Acten bearbeitet und herausg. 8. (58 S. und 1 Tab.)
Altenburg, Blücher, 1881. M. —.50

Boclio, Theodor, kurze Nachricht von einer neuerfundenen
kleinen, aber dabei sehr dauerhaften Feuerspritze, welche
bei Jacob Leupolden in Leipzig zu finden, etc. Mit einem
Titelkupfer. Leipzig, 1719.

— Neue Nachrichten v. Feuer-, Rohr- und Schlangen-Spritzen
etc. Leipzig, 1720.

Boklen, W., gesammelte Erfahrungen über die Anwendung des
Wasserglases. Stuttgart, 1857, Julius Weise.

Bombeiro portuguez. Red. Ferd. Thomaz. Porto. 24 Nummern. M. 20.—

Borghi, Processo per l'infiammabilita delle sostanze vegetali
et animali. Firenze 1865.

Braitwood, James, fire prevention and fire extinction. London 1866. M. 6.—

Brand, der, in Glarus in der Nacht vom 10. auf den 11. Mai
1861. gr. 8. (16 S. mit einem lith. Plane in gr. 4.) Zürich,
Orell Füssli & Co., 1861. M. —.30

Brandweer, de Amsterdam'sche 1875. (Unterhaltgs.-Lekt.)

Brückmann's Relation vom Feuerbesprechen.
Breslauer Sammlung 1729. M.

Brunnen-, Röhren-, Pumpen- und Spritzenmeister, der. Ein
Handbuch für Alle, welche sich mit Verfertigung hydraulischer Maschinen, sowie mit Brunnen-Anl., Feuerspritzen,
Wasserleitungen beschäftigen, Besitzer hydr. Werke sind
oder Aufsicht darüber führen, 5. vermehrte und verbesserte

Auflage von A. W. Hertel. Mit Atl. von 16 Foliotafeln, enth. 226 Fig. Weimar 1864. B. F. Voigt. 8.   M.   6.—

Catalog für die Ausstellung von Feuerlösch- und Rettungs-Geräthen am X. deutschen Feuerwehrtag in Stuttgart, vom 11.—15. Aug. 1877. (41 S.) Stuttg., Schöber, 1877. M. —.20

Cavallo, Th., Sammlung der die Feuerpolizei betr. Verordnungen im Königr. Bayern. Zunächst für Bauwerkmeister. gr. 8. Bamberg, Lit.-art.-Institut, 1841.   M.   1.75

Cathiau, Dr., die freiwillige Feuerwehr in Carlsruhe. Im Auftrage des Stadtraths für die internationale Ausstellung in Brüssel bearbeitet. 1876.

Céard, Rob., de l'organisation des secours contre l'incendie à Genève, chez veuve Glaser et fils à Genève, 1847.

Cesky hasic. Her. u. Red. Max Cermak Klattau. 24 Nummern.
M.   6.40

Cisternay du Fay, C. F. de, description d'une pompe qui peut servir utilement dans les incendies.
Mém. de Paris. 1725. Hist. p. 70 et hist. p. 103. M.

Colberg, J. Fr., Beschreibung einer neuen Art Feuerleiter-Schauer, nebst Kostenanschlag Kpf.-Tafl. 8. Berlin (Anton) 1803.   M.   —.75

Conseils utiles à ceux qui craignent les accidents du feu, pour les prévenir et en arrêter les effets.   Grenoble 1742.

Correspondent, le, des sapeurs pompiers. Paris.   12 Nummern Jahrg. I.   M.   2.—

Chubb, George Hayter, protection from fire and thieves. London, 1875.   M.   6.—

Däschner, C., allgemeines Liederbuch f. d. deutsche Feuerwehr. 1872. (Rodrian in Carlsruhe.)

Denkschrift zur Jubelfeier des 25jähr. Bestehens der Augsburger Feuerwehr im August 1874. Mit lith. Plänen und col. Karte, (262 S.) Augsburg, Rieger, 1874.   M.   1.50

— der freiw. Feuerwehr zu Budweis in Böhmen. Zur Feier ihres einjährigen Verbandes vom November 1874 bis Ende 1875. Budweis, Verlag der freiw. Feuerwehr, 1875. M. —50.

Denksprüche. — Für Feuerwehren gesammelt u. zu Gunsten des Metz-Denkm. in Heidelb. (Her von L. Jung.) München, G. Franz 16. (40 S.)   M.   —.40

Description of an hydraulique engin.
Philos. Transactions. London 1676 p. 679. M

Dieck Fr. W., Unterricht, wie Landhäuser und Strohdächer auf eine leichte und wohlfeile Art feuersicher gemacht werden und Feuersbrünste schnell und am zuverlässigsten gelöscht werden können 8. Hamburg, Dessau Aue, 1796. M. —75

Dienst-, Exercier-Vorschriften, Statuten und Signale der freiw· Turner - Feuerwehr in Stadt Steyer. Mit zahlr. Abbild. 8· (124 S) Steyer. Verlag des Commandos der fr. Turner-Feuerwehr, 1874 M. 1.—

Dienst-Ordnung der freiw. Feuerwehr in Krumau in Böhmen. Krumau, Verlag der freiw. Feuerwehr, 1875 M. —50

— der ·freiw. Feuerwehr in Olmütz. Verlag der freiwilligen Feuerwehr M. —50·

Dienst-Taschenbuch für den freiwilligen Feuerwehrmann (v. L. Jung) München. E. Mühlthaler, Leipzig R. Scheibe, 16, (36 S.) cart. M. —.40

Dinter, Unterricht über Verhütung der Feuersbrünste. 12. (Wagner) 1872. (Auch unter dem Titel „Feuerbüchlein'). M. —10

Doehring, W: Handbuch des Feuerlösch- und Rettungs-wesens mit besonderer Berücksichtigung der Brandursachen und baulichen Verhältnisse sowie der neuesten Apparate. Für Regierungsbeamte, Gemeindebehörden, Feuerwehr-kommandos, Landwirthe, Hausbesitzer etc. Nebst einem Atlas von 103 Tafeln. Berl. P. Parey M. 20—

— Ergänzungsband dazu : Das Feuerlöschwesen Berlins. M. 28. Taf. Ebend. 1881, M. 10.—

Dupuis, C., nouvelle pompe à feu.
Mém. de Paris. 1740. Hist. p. 120 et. 180. M.

Elsner, A. F. Dr. jur., Statistik der Classification der Brand-schäden und der Beiträge der Versicherten bei den preuss. Feuersocietäten für die letzten 25 Jahre. Berl. Th. Grieben, M. 1.50

— Allgemeine Brandursachen. Handbuch für den Assekuranz-Stand. 16. Berlin, Th. Grieben. M. —.4
Geb. M. 5.—

Engel-Gros, F., note sur les moyens de prévenir les chances de feu. Mulhouse 1873.

Engelhard G., Hanf und Flachs mit Vortheil zu bauen, zu behandeln und zu veredeln, Leinwand zu bleichen und zu färben, Leinenzeug in der Wäsche zu behandeln und auch das Garn und das Leinen betreffende nützliche Belehrungen, sowie auch eine Beschreibung des Verfahrens bei der Fabrikation wasserdichter hanfener Feuerspritzenschläuche. gr. 8. Osterode, Sorge, 1840.   M. 1.—

Eppenheim, Alb., Vortrag über Disciplin und Corpsgeist. 8. Chemnitz. May. 1868.   M. —.50

Erhard, Carl, u. Gebr. Schlaff, auf Beobachtgn. u. Erfahrungen gegründete Angaben u. Vorschläge Feuersbrünsten vorzustehen u. zu dämpfen. Mit 3 Kupf -Tfln. gr 8. Karlsruhe, Braun, 1803.   M. 2.—

(Mit der Jahrzahl 1818 auch unter dem Titel: Noth- und Hilfsbuch bei Feuersbrünsten).

Erinnerung an den IV. Thüringschen Verbands-Feuerwehrtag zu Gera am 21.—23. August 1875. Gera, Th. Eismann, 1875.   M. —.15

῾Ηρωνος ᾿Αλεξανδρέως Πνευματικά. (Verf. um 200 v. Chr.) Paris, 1693.

Everats, M., unentbehrliches Feuerbuch für alle Stadt- und Landgemeinden, oder deutl. Belehrungen über die Kunst, Feuersbrünste zu verhüten, entstandene zu löschen und Hab und Gut zu retten. Nach den Grundsätzen des Pariser Spritzencorps bearbeitet von J. G. Petri. 8. Ilmenau (Voigt) 1829.   M. —.60

Exercier-Ordnung der Augsburger Feuerwehr. 4. Aufl. 1872.   M. —.70

Exercier-Regeln der Grazer freiwilligen Turner-Feuerwehr. 2. Aufl. Graz. Verlag der freiw. Turner-Feuerwehr, 1874.   M. —.50

Exercier-Regeln für den Reichenberger Feuerwehr-Gauverband. Mit 48 Musikbeilagen. gr. 16. (84 S.) Reichenberg, Jannasch.   M. —.50

3

Exercier-Reglement für d. Berliner Feuerwehr. Im dienstl. Auftr. bearb. M. 62 in d. Text gedr. Holzschnitten; (IV. u. 148 S.) gr. 8. 1880. Berlin, J. Springer. M. 2.60

Exercier-Reglement für die Feuerwehren des Bezirks-Feuerwehr-Verbands von Chemnitz und Umgebung. 2. Aufl. 8. (64 S.) Chemnitz, Focke, 1874. M. 1.—

Exercier-Reglement, Statuten und Dienstes-Vorschriften der Grazer freiw. Feuerwehr. Graz, Verlag der Feuerwehr. 1880. M. —.70

Exercier - Reglement f. d. Reichenberger Feuerwehr-Gau-verband. (84 S. gr. 16. M. 4 S. Musikbeil.) Reichenberg, Jannasch. M. —.50

Exercier - Reglement f. d. Wormser freiw. Feuerwehr Worms. Selbstverl. (Leipzig, R. Scheibe.) 8. (II, 128 S.)

Exercier-Reglement der Feuerwehr in Lüneburg.

Faber, Osw., die freiwilligen Feuerwehren. Anleitung zur Errichtung u. Einübung disciplinirter Corps. M. 41 Abb. 3. Aufl. Lpz. 1874. Ernst Keil. M. 1.50

Fabre du Faux, Feuerwehrtableau. (Feuerwehrbilder mit Randzeichnungen u. Text aus Schillers Glocke) in lithogr. Farbendruck v. C. Knüsli 71 u. 53 C. Heidelberg Gebr. v. Schenk M. 7.—

Fackel, die, Zeitschrift für Feuerlöschwesen her. von Isaac. 24 Nummern. Klönne u. Müller, Berlin, Jhrg. 1. M. 4.—

Festschrift zur 25jährigen Stiftungsfeier der freiw. Feuer-wehr zu Zwickau. Herausg. vom Festausschusse, gr. 8. (38 S.) Zwickau, Gebr. Thost, 1877. M. 1.—

Feuerbüchlein oder Anleitung zum rechtlichen Verhalten bei Feuersbrünsten. 8. Königsberg, Univers.-Buchh., 1802. M. —.40

Feuerbüchlein oder gesamm. Erfahrungen und Anweisungen wie man entstandene Feuersbrünste schnell und sicher löschen kann. 8. Leipzig (Melzer) 1827 M. 1.—

Feuerbüchlein für das Landvolk, oder Warnungen gegen gewöhnliche und seltene Anlässe durch Selbstzünden, Gewitter etc., wodurch Feuersbrünste entstehen können, nebst wirksamen Löschmitteln. 8. Köln, Rommerskirchen, 1817. M. —.40

Feuerbüchlein, schlesisches, oder Belehrungen über Feuersgefahr und deren Abwendung. Zur Beherzigung f. Bürger-
und Landleute. 8. Breslau 1820. M. —.20

Feuerforscher, das ist ein Instrument, mit welchem man
ein in der Nacht entstandenes Feuer, wo es sei, bestimmen kann, von M. Kw. Mit 2 Kpf.-Tfln. 4. Leipzig,
(Fort) 1805 M. 1.—

Feuerlöschen, über, mit Pulver 1723.

Breslauer Sammlungen. Leipzig. S. 568. M.

Feuer-Lösch-Ordnung für kleine Städte und Dörfer ent-
worf. auf Grund praktischer Erfahrung von einem Verwalt.-
Beamten 8. (VIII und 38 S. nebst 2 S. Noten.) Dresden,
Ernst am Ende, 1868. M. —.40

Feuerlösch-Ordnung von Altenburg (Sachsen) vom Jahre
1862. Altenburg, Bonde M. —.60

— do. — von Linz vom Jahre 1861, Ebenhöch. M. 1.—

— do. — der Garnison von München. München, Franz, 1869
M. —.50

— do. — von Olmütz aus dem Jahre 1869, Hölzel. M. —.80

Feuer-Lösch-Ordnung, neu verfasst und vermehrt, auch
von einem Hochl. Königlichen Ambt der Landeshauptstadt approbirte — der kgl. Landeshauptstadt Ollmütz. 4,
Ollmütz, Rosenberg 1711.

Feuerlösch-Ordnung für den Amtsbezirk Schweinfurth vom
Jahre 1873. Giegler. M. —.75

— do — von Znaim vom Jahre 1870, Fournier & Haberler.
M. —.60

Feuerlösch-Polizei-Ordnung und Baupolizei-Ordnung
für das platte Land des Regierungs-Bezirkes Magdeburg. 8.
(31 S.) Stendal, Franzen & Grosse, 1872. M. —.50

Feuerlösch-Regeln, die zweckmässigsten, nach phys. und
chem. Grundsätzen nebst Angabe einer vorzügl. schützenden
Bekleidung und Ausrüstung für einen Mann beim Retten
aus Feuersgefahr. Für Polizei-Behörden, Baugewerke, Hausbesitzer etc. von einem Sachverständigen. gr. 8. Mit 2 lith.
Abb. (auf 1 Bgn. in Fol.) Leipzig, Reclam, 1838. M. 1.25

3*

Feuerlöschwesen, das, im Königr. Württemberg. Denkschrift des Ministeriums des Innern aus Anlass d. Brüsseler Ausstellung für Gesundheitspflege u. Rettungswesen. Stuttgart, Verlag des Ministeriums, 1876.   M. 3.—

Feuer-Maschine, von einer, welche von ein paar Menschen herbeigebracht werden kann etc. 1768.

Ehre Gottes in Betrachtgn. d. Himmels u. d. Erde. 8. Bd. Nürnb. 1768. M.

Feuerordnung, Allgemeine, nach welcher sich alle im Königr. Bayern zu verhalten haben. gr. 4. München, Lentner, 1821.
M. —.60

— Allgemeine und verbesserte. 4. Stendal, Franzen & Grosse 1784.   M. —.20

— Allgemeine für Dörfer und Rittergüter, entworfen von J. H. Küstner, mit einer Vorrede von Prof. Leonhardi. 4. Leipzig, Baumgärtner.   M. —.90

— im Fürstenthume Altenburg. 4. Altenburg, Hennigs, 1782.
M. —.50

— der Stadt Dresden. 4. Dresden 1751.   M. 1.60

— der Stadt Hamburg. 4. Hamburg 1751.   M. —.40

— Heilbronnische. 4. Heilbronn 1789.   M. 1.60

— erneuerte, für die Stadt Kempten im Jahre 1798 von J. M. Abele. gr. 8. Kempten, Dannheimer.   M. —.90

— für die Stadt Königsberg in Preussen. 8. Königsb., Hartung, 1771.   M. —.40

— für die Kurpfalzbairische Provinz in Schwaben. 4. Kempten, Dannheimer, 1804.   M. — 30

— für das Herzogthum Schlesien und Glogau. E. F. Günther, 1876.   M. 1.—

— für die Veltheimer Orte Harbke und Wolffsdorf. 4. Helmstadt, Fleckeisen, 1794.   M. —.60

Feuer- und Löschordnung für Breslau. 4. Breslau, W. G. Korn, 1777.   M. —.50

Feuerpolizei.

Erich. u. Gruber's Encyklopädie 43. Thl. 367—72. (Eiselen.)

Feuerpolizei-Ordnung, Gesetz für die Markgrafschaft Mähren vom 5. April 1873. 8. (31 S.) Brünn, Rohrer, 1873.
M. —.40

Feuerpolizei-Ordnung, die, für das Königreich Böhmen vom 25. Mai 1876, mit Formularien v. Eingaben in Feuerpolizeisachen. Ergänzt durch die einschlägigen Gesetze u. Verordnungen. Commentirt von einem praktischen Juristen. 8. (64 S.) Prag, Mercy, 1876. M —.80

Feuersbrunst, die, in Weitzenau, oder gründl. Belehrung, wie der Landmann ein solches Unglück am sichersten verhütet und wie er sich bei einer ausbrechenden Feuersbrunst zu verhalten hat. Ein Noth- und Hilfsbüchlein in Catechismusform mit 5 Abbildungen. 8. Erfurt, Müller, 1833. M. 1.—

Feuerspritze, die, Zeitschrift für das deutsche Feuerlöschwesen. Organ des Landesausschusses der sächs. Feuerwehren. Red. Th. Kellerbauer. gr. 4. (24 Nummern per Jahrgang) Leipzig, Gust. Novack, Exp. des F. 1. bis 11. Jahrg. (1874—1884) à Jahr. M. 6.—

Feuerspritzen.
Frankfurter Encyklopädie. 9. Theil S. 899 M. — Vgl. auch Beckmann.

Feuerversicherung.
Ersoh. u. Gruber's Encyklopädie 43. Thl. 475—83. (Eiselen.)

Feuerwehr, die. Red. u. Verlag von F. Kernreuter in Wien. (Monatlich.) Seit 1875.

Feuerwehr-Bibliothek, deutsche, 1. Heft. Die Feuerwehr in Landstädten u. Dorfschaften. Von C. Rohlig. M. 1.25

— 2. Heft. Aus der Praxis. Von R. Schumann. I. Band 1864—1869. M. 1.20

— 3. Heft. V. Feuer-Telegraph, v. Fischer-Treuenfeld. M. 1.80

— 4. Heft. Illustr. Feuerlöschregeln. Von Dr. Kapff † M. 2.80
Näheres unter den Autornamen

Feuerwehr-Chronik. Beibl. zu den Deutschen Assecuranz-Blättern. Red. und Verlag von Wm. Heilpern in Stuttgart. Seit 1876.

Feuerwehren, die, ein Wort für vernunftgemässe Bekämpfung der Feuersbrünste von J. W. F.* gr. 8. (23 S.) Braunschweig, Bruhns, 1863. M. —. 40

Feuerwehren, Oesterreichs, in Graz. Zur Erinnerung an die Festtage vom 28.—30. Juni 1872. 2. Aufl. gr. 8. (31 S.) Graz, Leykam-Josefsthal. M. —.60

Feuerwehr-Kalender, deutscher, für 1877. 8. Seifhennersdorf, Jul. Schmidt, 1877. Löbau. Oliva.   M. —.50
— deutscher, für das Jahr 1877—1879. München, Franz, à
  Jahrgang   M. 1.35
— österreich. Red. von Rainer Hosch. I.—VI. Jahrgang (1874
  bis 1879). Wien, Fromme, à Jahrg.   M. 3.20
— VII.—XI. Jahrg. (1880—84). Red. von R. Rohrer. Wien,
  Fromme.   Geb. à M. 2.—
— sächsischer. Red. von H. Bergmann. 1880—1884. Leisnig,
  Ulrich. 16.   à M. —.50

                                          Geb. M. —.80

— württembergischer. 1884. Stuttg., Kohlhammer. 4. M. —.50

Feuerwehr-Liederbuch [von L. Jung]. 2 Aufl. München,
  G. Franz. 16. (64 S.)   M. —.50

Feuerwehrmann, der. Red. H. Barkow. Barmen, Fr. Staats.
  52 Nummern.   M. 4.—
— der. Red. O. Tschoppe in Marggrabowa. (Gegr. v. F. Lenz
  in Danzig.) I. Jahrg. 24 Nummern. Leipzig, R. Scheibe,
  1883.   M. 4.—
— — II. Jahrg. 1884. Ebend.   M. 5.—
— der norddeutsche. Red. u. Verl. von Fr. Lenz. Danzig. 24
  Nummern.   M. 5.—

Feuerwehr-Nachrichten. Red. u. Verl. von Leop. Weyde.
  Riga. 24 Nummern. (3 Rbl. 50 Kop.)

Feuerwehr-Porträts-Gallerie. Bildnisse berühmter und
  sich um das Feuerlöschwesen verdient gemacht habender
  Männer. I. Lieferung enthaltend: L. Jung, Ob.-Inspect. in
  München. — † C. Metz, Löschmaschinen-Fabrikant in Heidel-
  berg. — G. Ritz, Feuerlösch-Director in Dresden. — † Dr.
  O. Ule, Commandant der freiwilligen Turnerfeuerwehr in
  Halle a./S. Stuttg., Kohlhammer. Preis d. Lieferung M. 3.—

                            Einzelne Blätter M. 1.50

Feuerwehr-Signale, allgemeine. 1 Bl. gr. 8. Stuttgart,
  Kitzinger, 1878.   M. —.10
Feuerwehr-Signale. Red. J. C. Reeder, Verlag von Paul
  Gerin. Wien, 1884. 12 Nummern.   M. 6.—

Feuerwehr-Tableau in Oelfarbendruck. Brand und Feuerwehr in Aktivität. München, Gebr. Obpacher.　　M. 5.—

Feuerwehrtag, der sechste deutsche, zu Leipzig. gr. 8. Leipzig, Ferber & Seydel, 1865.　　M. —.75

— der dritte oberbayrische, in Rosenheim 1871.

— der erste österreichisch-schlesische, abgeh. in Troppau am 26. Sept. 1869. Erinnerungsblatt, gewidmet allen Festtheilnehmern. Troppau, Selbstverl. des schles. Verbandes, 1869.

Feuerwehrwesen. — Beachtung verdienen d. betr. Artikel der grösseren Encyklopädien wie Brockhaus, Meyer, Pierer etc.

Feuerwehr-Zeitung, Badische. Organ d. badischen Landes-Feuerwehr-Vereins. Redig. von L. Theilmann. I.—III. Jahrg. (1877—1879). 12 Num. Fol. Pforzheim, Riecker. à Jahrg. M. 3.20

— Badische. Baden-Baden, Red. u. Verl. L. Rodrian. 24 Nummern.　　Jährlich M. 3.—

— deutsche. Technische Blätter f. d. deutschen Feuerwehren. Red. Kapf. Jahrg. 1860. 13 Num. October bis December. gr. 4. Stuttgart, Verlags-Magazin, 1860.　　M. 1.60

— — Red. Kapf. Jahrg. 1861. 52 Nummern. gr. 4. Stuttgart, Verlags-Magazin　　M. 6.40

— — Red. Kapf. Jahrg. 1862—1865 à 52 Nummern. gr. 4. Stuttgart, Kitzinger, à Jahrg.　　M. 6.40

— — Red. A. Fischer. Jahrg. 1866—1875. à Jhrg. 52 Nmrn. gr. 4. Stuttgart. Verlag von Kitzinger in Stuttgart.　　à Jahrg. M. 6.40

— — Jahrg. 1876—1879. Red. u. Verl. v. Kitzinger in Stuttg.　　à Jahrg. M. 7.20

— — Jahrg. 1880—1884. Red. Fr. Grossmann. Verl. v. Kohlhammer, Stuttgart.　　M. 7.20

— mährisch-schlesische. Her. v. Eug. Bubenik in Troppau. 1876. 1875: Der Haspelwagen. — Seit 1877: Oesterr. Verbands-Feuerw.-Zeitung. M.

— für Mitteldeutschland. Red. R. Götze in Weissenfels. Erfurt, Ohlenroth, 1884. 2 mal monatl.　　M. 1.50

— nordböhmische. 1884. 24 Nummern. Reichenberg.

— norddeutsche. Red. und Verl. G. Isaak. Eberswalde. 24 Nummern. 1884.　　M. 4.—

Feuerwehr-Zeitung, österreichische. Red. und Verlag von Friedrich Facchini in Wien. 24 Nummern jährlich. Seit August 1865.

— schleswig-holsteinische. Red. u. Verl. R. Hieronymus, Neumünster. 1884. 52 Nummern. M. 6.—

— schweizerische. Organ des schweiz. Feuerwehr-Verbandes. Redig. von Langsdorf. I.—VIII. Jhrg. (1875—1884). à Jhg. 12 Nummern. gr. 4. Winterthur, Westfehling. à Jahrgang M. 2.—

— für Steiermark, Kärnten und Krain. Red. und Verlag von E. Unterwalder in Graz. Jan.—Juni 1870. 12 Nummern.

— illustrirte westungarische. Red. Jul. Groidl. Pressburg, A. Wimmer. 12 Nummern. M. 3.—

— Wiener. Populäre Blätter für Feuerlöschwesen, Wasserleitungs- und Pumpen-Anlagen. Red. M. Willfort. I.—IX. Jahrgang. (1871—1879) à Jhrg. 24 Nummern, gr. 4. Wien, Waldheim. Jhrg. 1871—1872. à Jhrg. M. 3.—

— — Jhrg. 1873—1884. à Jhrg, M. 4.—

Fichtner, A., Die Feuersicherheit aller Städte Schlesiens im Bilde der Statistik. 2. Aufl. gr. 8. (128 S.) Liegnitz, Th. Kaulfuss'sche Buchhandlung. M. 1.—

— die Feuersicherheit im Theater. M. —.50

Fiedler, K. W., prakt. Anweisung über Feuerlöschanstalten. 2 Theile. 8. Cassel, Cramer, 1795. M. —.75

— Grundzüge der Organisation der Feuerlösch- und Rettungs-Anstalten. Zur Benützung f Gemeindebehörden u. Feuerlösch-Vereine. 3. Aufl. gr. 8. (V. 50 S.) Zwickau, Gebr. Thost, 1877. M. 1.—

— Wie sind in Mittel- u. Kleinstädten am zweckentsprechendsten die sog. Bürger- oder Pflicht-Feuerwehren neben den freiw. Feuerwehren zu organisiren? 1880. Dresden, Landesausschuss sächsischer Feuerwehren.

Fiedler, Ottomar, die deutsche freiw. Feuerwehr. Chemnitz, 1870. Ed. Focke. M. 1. —

— Stadtrath in Zwickau, Geschichte der deutschen Feuerlösch- und Rettungs-Anstalt. Ein Beitrag z. deutschen Kulturgeschichte. Mit zwei photolithogr. Tafeln und zwölf in den Text gedr. Holzschn. (IX u. 155 S.) gr. 8. 1873. Berlin, J. Springer. M 5.—

Fireman, the. London. 12 Nrn. Leipzig, Twietmeyer. M. 6.50

Fire Record. New-York. [Illustr. Zeitschrift f. Feuerlöschwes.] Seit 1872. 12 Nummern. (2 sh.)

Fischer, Albert, kurze Geschichte des Feuerlöschwesens der Stadt Stuttgart von 1492 bis 1872. Gedenkschrift auf die Jubelfeier des 20jährigen Bestehens der Stuttgarter freiw. Feuerwehr am 10. November 1872. 8. Stuttgart. Verlag der Feuerwehr, 1872, in Comm. b. Kitzinger. M. 1.70

Fischer-Treuenfeld, R. v., Feuertelegraphen. Aus dem Englischen übersetzt v. G. u. F. Kitzinger. Mit 6 Holzschn. und 3 lithogr. Plänen, Tabellen etc. 1877. Stuttgart, Kohlhammer, kl. 8 (70 S.) M. 1 80

Fleischmann, A., Die Feuerlöscheinrichtungen, sowie die Satzungs- und Dienstes-Vorschriften für die freiw. Feuerwehr der Kunstmühle Tivoli. M. 1 Plan. 8. (86 S.) München, Franz, 1877. M. 1.20

Flögl, Dr. J. V. Ueber erste Hilfeleistungen bei Unglücksfällen. Ein nützliches Buch für Jedermann, besonders aber für freiwillige Hilfsvereine, Bahnbedienstete, Polizeileute, Feuerwehr-Vereine etc. Mit 65 zum Theil col. Abb. Wien, Hartleben. M. 3.—

Fockt, C. Th., der Brand des Ringtheaters in Wien am 8. Dec. 1881. Eine wahrheitsgetreue Schilderung der Katastrophe nach auth. Quellen. M. 5 Abb. Wien 1881, A. Hartleben's Verlag. M. —.60

Föllner, J. A., der Feuerspritzen-Fabrikant. Anweisung die deutschen, engl., und Dampffeuerspritzen zu construiren. M. Abb. Quedlinburg 1834, G. Basse. M. 1.50

— Schutz, Rettung und Hilfe in Feuersgefahr. M. 82 Abbldgn. Quedlinburg 1826, G. Basse. M. 2.50

Fölsch, Aug., Theaterbrände und die zur Verhütung derselben erforderlichen Schutz-Massregeln. Mit einem Verzeichniss von 523 abgebrannten Theatern und 4 Tafeln. gr. 8. (IX, 328 S.) Hamburg, O. Meissner, 1878. M. 8.—

Fölsch, Aug., über Theaterbrände und die für das neue Opern-
haus in Wien getroffenen Sicherheits-Massregeln. gr. 8.
(528 S. mit 2 lithogr. Tfln. in Fol.) Wien, Waldheim, 1871.
M. 1.20

— Bericht über die Wasserversorgung Dresdens. 1864. Dresden,
R. Kuntze.

Frick, Prof. Dr. J., Die Feuerspritze. Anleitung zu deren Bau,
Berechnung, Behandlung u. Prüfung, für Spritzenfabrikanten,
Spritzenmeister, Polizei- und Gemeindebeamte, Löschvereine
und Feuerversicherungsgesellschaften. Mit 259 in den Text
eingedruckten Holzstichen. gr. 8. geh. Zweite vermehrte u.
verbesserte Auflage. 1875. Braunschw., Vieweg & S. M. 8.—
Erste Auflage 1869. M.

Gedanken über Feueranstalten. 1762.
Hannovr. Beiträge 1762. M.

Gedenkschrift zum 10. deutschen Feuerwehrtag in Stuttgart 1877. gr. 16. (76 S. mit 2 Tafeln und 1 Plan.) Stuttgart, Schober, 1877. Cart. M. 1.—

Genssane, de. Pompe pour éteindre les incendies, inventée
par lui. 1741.
Machines approuvées p. l'Acad. de Paris. T. 7 p. 95. M.

v. Gerstenbergk, J. L. Jul., Entwurf, die Feuerspritzen vor
dem Einfrieren zu sichern, nebst einigen Lösch-Anstalten
überhaupt, vorzüglich aber bei Brandfällen im Winter. Mit
3 Kupfertafeln. 8. Jena 1801. M. 2 25

Gesetze, Ministerial- und Regierungs-Entschliessungen nach
Urtheilen des obersten Gerichtshofes in Bezug auf d. Feuerlöschwesen in Bayern. Her. v. L. Jung. München, G. Franz.
kl. 8. (92 S.)

Geyer, Ant., allgemeine Feuerlösch- und Rettungs-Anstalt. 8.
Eisenberg, Schöne, 1818. M. —.50

Gilardone, Franz, Her. u. Red. der „Illustr. Zeitung für die
Deutsche Feuerwehr", Grundzüge u. Principien d. deutsch.
Feuerwehr u. des neueren Lösch- u. Rettungswesens überh.
Frankfurt a. M., Keller, 1865. (Vergriffen.) M. 3.—

— Commersbuch f. d. deutsche Feuerwehr. Mit Original-Bei-
trägen von Rich. Wagner, W. Lachner, Vierling etc. 1871.
Speyer, Neidhard. 16. (220 S.) 2. Aufl. Cart. (Vergriffen)
M. 2.—

Gilardone, Franz, Handbuch des Theater-Lösch- u. Rettungs-wesens. 3 Bände mit vielen Plänen und Text-Illustrationen. Hagenau i. E., b. Verf. (Leipzig, R. Scheibe.) M. 9.—

— Ergänzungsband zu Vorstehendem. Ebend. M. 4.—

Gilly, Dav., Ueber schnelle Verbreitung eines entstehenden Feuers in Dörfern. Braunschw., Vieweg & S., 1797. M. —.50

Giudice, Francesco del, sopra una machina da spegnere il fuoco, del Signor Philipps detta fire-annihilator. Napoli, 1850.

— degli ammæstramenti dell' arte di spegnere gli incendi. (Mit 19 lithogr. Tafeln.) Napoli, 1851.

— manuale pratico per gl' incendi. Napoli, 1852.

— Dasselbe. 1874.

— delle combustioni spontance di alcune cagione d'incendi non comune. Napoli 1869.

Glaser, J. Fr. Preisschrift, wie das Bauholz in den Gebäuden zur Abhaltung grosser Feuersbrünste zuzurichten ist. 8. Hild-burghausen, Hanisch, 1762. M. —.50
Zuerst erschienen in: Hannov. Beiträge 1761. M.

— Beschreibung der glücklich abgelaufenen grossen Feuer-probe, welche mit seinem Holzanstrich gemacht worden. 8. Leipzig, Cnobloch, 1773. M. —.75

— Nützliche durch Erfahrung bewährte Vorschläge, bei heftigen Feuersbrünsten Häuser und Mobilien zu retten. 4. vermehrte Auflage. 8. Leipzig, Chr. Fleischer, 1772. M. 3.—
1. Aufl. Leipsig u. Dresden. 1756. — 3. verm. Aufl. Hildbrghsn 1764. M. Ein paar ökonom. und physikal. Anm. z. G's. Vorschl. 1756. Sammler I. 281. M.

— Beantwortung und Widerlegung wider seinen erfundenen Holzanstrich gemachter Einwendungen. 8. Leipzig, Cnobloch, 1774. M. —.50

— von Verbesserung der Feuerlösch-Anstalten in kleinen Städten und Dörfern. 1775. Leipzig, Cnobloch. M. 1.—

— Fernere Erörterung und Erklärung seiner Preisschrift von Feuerlöschanstalten. 8. Leipzig, Cnobloch, 1779. M. 1.—

— gründliche und auf richtige Erfahrung gegründete Abhand-lungen und Vorschläge, wie die meisten Feuersbrünste ver-hütet und gelöscht werden können. Mit Kupfertafeln. 8. Leipzig, Barth, 1787. M. 2 20

Glaser, Joh. Fr., Vorschlag, der Jugend in niederen Schulen nützlichen Unterricht zu geben, wie mit Feuer und Licht umzugehen ist. gr. 8. Leipzig, Barth, 1783.   M. —.20

— Beweisgründe der Schrift: Abhandlungen und Vorschläge, wie Feuersbrünste zu verhüten. gr. 8. Leipzig, Wienbrack, 1784.   M —.40

— Feuerlöschproben. gr. 8. Marburg, Acad. Buchhandl., 1786.   M. — 65

Godfrey, a new method of extinguishing fires by explosion and suffocation. London, 1724.

— Ambros. Erfindungen von geschwinder Auslöschung der Feuersbrünste. 1761.
   Hannovrische Beiträge Fol. 1619—24. M.

—- Lettre de Londres du 19 mai 1761 sur une expérience nou-velle, éprouvée par M. Godfrey pour éteindre le feu dans les incendies. 1761.
   Journal encyclop. 1 juin 1761. M.

Göhl, Gottl., Beschreibung der Feuerlöschmaschine aus dem Ruchenbach'schen mathem. mechan. Institute der Herren Ertel & Sohn in München, nebst einem Anhang über den Nutzen und die Nothwendigkeit der Mobiliar - Feuerver-sicherungsanstalten. Mit 3 lithogr. Zeichnungen in gr. Fol. gr. 8. (23 S.) München, Fleischmann, 1853.   M. —.90

Goppelsröder, Dr. Fr. Ueber Petroleum u. dessen Producte, nebst einem Anh. über Feuerlöschmittel. Basel, Amberger.   M. —.80

Götz, Ferdinand, Feuerwehrlieder, den deutschen Feuerwehren gewidmet. 8. Aufl. Leipzig, E. Strauch. 32. (V, 85 S.) Cart.   M. —.40

Grossheim, nützliche u. für Jedermann fassliche Anweisung wie man Feuerspritzen vor Beschädigungen schützen, lange in kraftvoller Wirksamkeit, und bei Feuersbrünsten in aus-dauernder Anwendung erhalten kann. gr. 8. Frankfurt a. O. Harnecke & Co., 1842.   M. —.65

Grossmann, Fr., Landes-Insp. des württ. Feuerlöschwesens, der Rathgeber im Feuerlöschwesen. 26 lith. und zum Theil col. Tafeln in Imp-Fol. mit 31 S. Text. 2. Aufl. Stuttgart, 1877, Ad. Bonz & Co. gr. 4 in Mappe.   M. 15.—
   1. Aufl. 1876 im Selbstverl. des Verf.

Grossmann, F., Zeichnungen über einen Mannschafts- und Geräthe-Transportwagen. Stuttgart, Selbstverlag. M. 1.—

— Muster eines Feuerwehrstatuts nebst Dienst-Instructionen und Signalen. Stuttgart, Selbstverlag. M. —.50

— Muster einer diesem Statute entsprechenden Local-Feuerlöschordnung. Stuttgart, Selbstverlag. M. —.50

— Vortrag über die Unterstützung verunglückter Feuerwehrmänner, welcher die Gründung einer Centralkasse für Förderung des Feuerlöschwesens u. für die Unterstützung verunglückter Feuerwehrmänner und deren Hinterbliebenen in Württemberg zur Folge hatte, und auch in den andern deutschen Ländern die Gründung solcher Central-Kassen wesentlich fördert. Stuttgart, Selbstverlag. M —.50

Gruber, L., der Turner- und Feuerwehrmann wie er sein soll. 16. (32 S.) Regensburg, Pustet, 1862. M. —.32

Günther, J. A, über Rettung des beweglichen Eigenthums bei Feuersbrünsten und über Verhütung von Feuersgefahr in Fabriken. gr. 8. Hamburg, 1797. M. —.60

— Nachrichten einer Rettungsanstalt bei Wasser- und Feuersgefahr. gr. 8. Hamburg, Hoffmann & Co., 1808. M. 1.60

Gütle. J. K. Ueber Einrichtung, Bau u. Gebrauch der Feuerspritzen Mit Kupfertafeln. 8. Nürnberg, Lauffer in Leipzig, 1796. M. 5.—

Hagemeister, N. E., Abhandlung v. den Feuerspritzen. gr. 8. Dorpat, Hartmann in Riga, 1802. M. 1.15

Hahn, Rud., Rieke und Pieke od.: Am Schornstein. Komisches Genrebild mit Gesang in 1 Akt. Musik von A. Conradi. (2 Herren u. 2 Damen.) Berlin, Ed Bloch. M. —.90

Handbuch, das, für die freiwilligen Feuerwehren von Niederösterreich. Wiener-Neustadt, H. Postl, 1883 M. 1.60

Handbuch für Kaminfeger, mit auf gesetzl. Bestimmungen beruhender und vollständiger Feuerbeschau-Instruction und anderen bau- u. feuerpolizeilichen Vorschriften, gegen Einsendung von fl. 1.55 unter Kreuzband franco zu beziehen durch Franz Tober, Kaminfeger in Saaz.

Hanow, Prof., über Dämpfung des Feuers durch Schiesspulver. 1754.
Versuche u. Abhandlungen der Naturforschenden Gesellsch. in Danzig. M.

Hanow, Nachträge zu den Versuchen u. Abhandlungen der Danziger Naturforschenden Gesellschaft. 1756.

Härtl, Ign., Obm.-Adjut. der Salzburger freiw. Feuerwehr, die Entwicklung des Feuerlöschwesens in der Landeshauptstadt Salzburg während der letzten 25 Jahre, von 1858—1883. Salzburg, Verlag der Salzb. freiw. Feuerwehr. (Leipzig, R. Scheibe.) gr. 8. (44 S.)

Haspelwagen, der. Red. und Verlag von Eug. Bubenik in Troppau. 1875.

> 1876: **Mährisch-schles. Feuerwehr-Zeitung. — Seit 1877: Oesterr. Verbands-Feuerwehr-Zeitung. M.**

Hauff, L., die Feuerpolizei u. Feuerversicherung für Gebäude und Mobilien im Königr. Bayern. Nach den bestehenden Gesetzen und Verordnungen, Erläuterungen etc. dargestellt für Behörden, Gemeindeverwaltungen, Feuerbeschau- und Bau-Commissionen. Mit Inhaltsverzeichniss und Register. gr. 8. (XIII u. 345 S.) Bamberg, Buchner, 1866. M. 3.—

Hausmann's wohleingerichtete Feuerordnung. Jena 1745.

Hausmann, W., Einer, der gern Feuer schreit. Lied für eine Singstimme m. Pianofortebegleitung. Reichenberg, Schöpfer. M. —.50

— Feuerwehrmanns-Beruf. Lied für eine Singst. mit Pianofortebegleitung. Ebend. M. 1.—

Have, E. G. Tom. s. Tom Have.

> **Man findet den holländischen Namen Tom Have auch irrthümlich als Thomas Have verzeichnet.**

Hecker, And. J., Grundsätze über die Anwendung u. Regierung des Feuers. gr. 8. Berlin 1788.

Heilisch, Ant. J., Uebungsvorschriften für Steiger mit zweiholmigen Leitern ohne Ueberraum, mit dem Schlauche, dem Rettungsschlauche, dem Sprungtuche u. über Selbstrettung an der Leine. 16. Olmütz, Verl. der freiw. Feuerwehr, 1873.

Heinemann, J. W, Abhandlung über die Feuerlöschanstalten 8. Lemgo, Meyer, 1777. M. —.30

— Anzeige der Mittel, die Feuerlöschanstalten zu verbessern und dem schnellen Ueberhandnehmen einer Feuersbrunst zuvorzukommen.

> **Hannovrisches Magazin 1775. M.**

Helfenszrieder, J. E. Abhandlung von Verbesserung der Feuerspritzen. gr. 8. Ingolstadt, Nauck in Leipzig, 1778.
M. —.75

— Feuerschutz, oder Mittel, die Häuser wider Feuersgefahr zu schützen. Mit Kupfertafeln. gr. 8. Augsburg, Rieger, 1788.
M. —.30

— Abhandlung vom Gebrauch der Erde, des Sandes und der Asche zur Löschung der Feuersbrünste. Mit 3 Kupfertfln. gr. 8. Augsburg, Rieger, 1794. M. 1.—

Hellbach, J., Unterricht über Brandverhütung, Lösch- und Rettung in Feuersgefahr. 8. Altenburg Schnuphase, 1805.
M. —.40

— Hilfsmittel zur Menschenrettung aus brennenden Gebäuden. Eine Preisschrift. Mit 6 Kupfertafeln. gr. 8. Gotha (Becker) 1810. M. 4.20

Hellrung, Dr. C. L., Entwurf oder Anleitung zu einer Feuerordnung für Deutschland nach Städte- und Landes-Feuerkreisen. Enth. die Lösch-, Rett- und Wachtordnung, die Bildung der Land- u. Feuerkreise, Stellung zu den Feuerversicherungsanstalten u. s. w. Mit 1 Karte u. 2 Foliotfln. Weimar, 1851, B. F. Voigt. 8. M. —.75

Henneberg, Fr. Anleitung z. Gebrauch und zur Pflege der Feuerspritzen, Wasserzubringer und der übrigen Löschwerkzeuge, auf 20jährige Erfahrung gegründet. 2. verm. Aufl. 8. Arnstadt, Meinhardt, 1842. M. 1.25

Hensoldt, H., Brandwehr und Rettungsanstalten für Dörfer. 12. Hildburghausen, Kesselring, 1827. M. —.80

Herbig, F. G., Uebungsschule für Feuerwehren in Reihenfolge des Fuss-, Fahr- und Geräthedienstes. 8. (16 S.) Ochsenfurt, Verlag der Eeuerwehr, 1876. M. —.35

Herrmann, M., Die Feuer- und Löschordnung für Stadt und Land, oder allgemeine Vorschriften, wie sich Jedermann im Umgange mit Feuer und Licht verhalten und im Nothfall retten solle, nebst Angabe zweckm. Löschmittel und Vorschläge zur möglichsten Sicherstellung der Gebäude überhaupt, sowie vorzüglich der Schindel- und Strohdächer und des inneren Holzwerks der Häuser vor Feuersgefahr. Mit 1 Abbildung. Weimar (Tantz & Co. 1835.) M. 1.15

Hertel, A. W., der Brunnen-, Röhren- und Spritzenmeister. Siehe Brunnen etc.

Hesse, W. G., praktische Abhandlung über die Preisfragen v. Verbesserung der Feuerspritzen. 2 Theile mit Kupfertafeln. 8. Gotha, 1779.   M. 2.75

Heyde, Jan van der (Inventeur), en Jan van der Heyde de Jonge, General-Brandmæster der Stadt Amsterdam, Beschriving der nienlyks vitgevonden en geoctroyerden Slange Brand-Spuiten. (Mit 18 Kupferst.) 1690.
<blockquote>Es ist bemerkenswerth, dass die erste, vor nunmehr nahezu 200 Jahren erschienene Schrift über Feuerlöschwesen, bis heut die am reichsten ausgestattete geblieben ist. C D. Magirus, das Feuerlöschwesen S. 1.</blockquote>

— Zweite vermehrte Auflage 1735.

Heyde, W. G. v. d., Bau- und Feuerpolizei-Verordnnngen in Preussen. 1844. E. Bänsch in Magdeburg.

Hilfeleistung, erste, bei Unglücks- und plötzlichen Erkrankungsfällen in Abwesenheit des Arztes. Ein Leitfaden f. d. Unterricht in Sanitätscorps v. Feuerwehren etc. 286 S. mit über 100 Abbildungen. Troppau, Ed. Zenker.   M. 4.80

Hintsche, Fr., Exercier-Reglement für Feuerwehren mit bes. Berücksichtigung auf zu errichtende freiwill. Feuerwehren. 3. Aufl. 8. (154 S.) Iglau, 1881, A. Bayer.   M. 1.—

Hirschberg, R. Handbuch der freiw. Feuerwehr Münchens. 2. umg. Aufl. (IV u. 137 S. mit Holzschn. u. 4 Steindruck-Tafeln.) München, Franz, 1876.   M. 2.70

Hirth, G., der 6. deutsche Feuerwehrtag zu Leipzig, den 18. bis 22. August 1865. 2. Aufl. gr. 8. (VIII u. 77 S.) Leipzig, Georg Wigand, 1866.   M. —.60

Hoffmann, L., Mittheilungen über Feuerversicherungswesen u. über Entstehen, Verhindern u. Löschen v. Bränden. Berlin (Bosselmann) 1857.

Hofmann, Johann P., Feuerbüchlein für die Jugend. Mit 7 Holzstichen. 8. Prag (Widtmann) 1796.

— Feuerkatechismus für's Landvolk. 8. Prag (Widtmann) 1798.

Hölder, Georg, die Fortschritte in d. Konstruction d. Pumpen-Saugapparate, Wasserhebungs-, Wasserhaltungs- u. Wassersäulen-Maschinen, Dampf- und Handfeuerspritzen, Brunnenanlagen, Wasserleitungen etc. während der neuesten Zeit.

zum praktischen Gebrauche für Wasserbautechniker, Berg-ingenieure, Maschinenbauer, Pumpen- u. Spritzenfabrikanten, Besitzer hydraulischer Werke u. A. m. Mit einem Atl. v. 24 Foliotafeln, enth. 207 Abb. 8. geh. Weimar, 1867. B. F. Voigt. **M. 5.25**

Hönig, Fritz, Rath und That im Feuerlösch- und Rettungs-wesen. 3. Aufl. mit 380 Abb. Köln, 1880. Selbstverlag. (Leipzig, R. Scheibe.) **M. 3.50**

Huybensz, Max, Geschichte und Entwickelung des Feuerlösch-wesens der Stadt Wien, mit besonderer Berücksichtigung der gegenwärtigen Organisation der Wiener städtischen Feuerwehr. Mit einem Plane. 2. vermehrte Ausgabe. gr. 8. (VIII, 130 S.) Wien, Hartleben. **M. 3.—**

Jacob, F., ABC-Büchlein für Landfeuerwehren. 1881. Freising, Datterer. 16. **M. —.60**

Jacobson, E., Seine bessere Hälfte, oder Der Feuertod. Posse mit Gesang in 1 Akt. Berlin, Ed. Bloch. **M. 2.—**

Jaede, H., Lieder für Feuerwehren und Turnvereine. Weimar, Selbstverlag, 1876. **M. —.25**

Jahrbuch des deutschen Feuerlöschwesens. Her. v. Ludwig Jung. München, 1871, G. Franz. 8. (256 S.) **M. 2.80**
> Inh.: Die Wiegezeit der deutschen Feuerwehren. — Die d. Feuerwehrtage. — Die grösseren Feuerwehrverbände. — Bericht aus einz. deutschen Gauen. — Die Berufsfeuerwehren. — Feuerwehr-Literatur. — Firmen-Verzeichniss von Spritzen- und Requisiten-Fabrikanten. — Gesetze u. Verordnungen. — Feuerwehr-Statistik.

— Dasselbe. 2. Jhrg. Her. v. L. Jung. München, G. Franz, 1874. 8. (224 S.) ' **M. 2.80**
> Inh.: Die deutschen Feuerwehrtage. — Bericht aus den deutschen Feuer-wehr-Verbänden (Baden, Bayern etc.) — Berufsfeuerwehr. — Die d. Feuerwehr in den Kriegsjahren 1870|71. — Feuerwehr-Literatur. — Feuerwehr-Verbände im Ausland (Ungarn, Schweiz, Russland). — Gesetze u. Verordnungen. — Feuerlöschwesen in grösseren Städten — Feuerwehr-Statistik.
> 1872, 73 und 75 ff. sind nicht erschienen. Heinsius.

Jeep, W., Ingenieur, der Bau der Pumpen und Spritzen. Mit 157 Holzschn. nebst einem Atlas von 38 col. Tafeln. (XII, u. 302 S.) Leipzig, Baumgärtner, 1871. **M. 12.—**

Instituzione, della, dei pompieri per grandi citta e terre minori di qualunque stato. Bologna 1852.

Instruction für die Spritzenmannschaft. S. Behandlung.

Instructions-Buch für die Berliner Feuerwehr. Im dienstl. Auftr. bearb. Mit einem Plan v. Berlin. (113 S.) gr. 8. 1881. Berlin, J. Springer. M. 2.40

Johler, C., statistischer Bericht des Thüringischen Feuerwehr-Verbandes. Weimar, 1875.

Jork, O., Liederbuch der Brandenburger Turner-Feuerwehr. Brandenburg, Wiesike, 1874. 16. (44 S.) M. —.50

Jung, Ludw., die gesetzlichen Bestimmungen über das Feuerwehrwesen. München, C. Mühlthaler. (Leipzig, R. Scheibe.) gr. 8. (40 S.) M. —.40

— Feuer und Licht. Ein Büchlein für's Volk. 5. Aufl. Münch. 1876. G. Franz. 16. (35 S.) M. —.35

— die Feuerlöscheinrichtungen der grösseren Städte Deutschlands. gr. 8. (III, 102 S.) Ebend. 1876. M. 2.—

— das Feuerlöschwesen in Markt- und Landgemeinden. 5. Aufl. München, G. Franz. 16. (108 S.) M. —.70

— Feuerschutz in München. München, Druck v. Knorr & Hirth. (Leipzig, R. Scheibe.) kl. 8. (23 S.) M. —.40

— die Feuersicherheit in öffentlichen Gebäuden. München, G. Franz, 1879. gr. 8. (IV, 64 S.) M. 1.40

— Feuerwehr-Liederbuch. München, Franz. 16. M. —.50

— die Förderung des Feuerlöschwesens in Bayern. München, G. Franz, 1870. gr. 8. (52 S.) M. —.60

— für Feuerwehren. Heft 1. 2. Aufl. München, G. Franz, 1882. kl. 8. (104 S.) M. 1.40

Inh.: Kirchthurmbrände. — Die Feuerspritze. — Feuerlöschwesen im Mittelalter. — Habt Acht. — Das Feuerhaus. — Die Rettungsleine. — Zur Bildung von Feuerwehren. — Bestellung und Prüfung der Löschmaschinen. — Feuerpolizei. — Zur Gesundheitspflege der Feuerw. — Waldbrände. — Das Streben des d. Feuerwehrmannes. — Abendversammlungen der Landfeuerwehren. — Aelteste Feuerlöschordnung in München. — Die ersten Feuerwehren. — Sanitätswesen d. Feuerw. — Feuerwehr-Gebote. — Feuerwehr-Sprüche. — Vereinigt lasst uns Gutes wirken.

— für Feuerw. Heft 2. Ebend. 1875. kl. 8. (114 S.) M. 1.40

Inh.: Fiedler, d. d. Feuerlöschwesen. — Lukas, Kamine. — J., Menschen-Rettung. — Payr, Unglücksfälle. — Rupprecht, Sanitätsdienst. — Ziegler, Feuertelegraph in München. — Kayser, Löscheinrichtungen in Fabriken. — Ders., für die Winterabende. — Bullinger, Fabrikbrände. — J., Eigenschaften eines tücht. Feuerwehrmannes. — S., Brand in Holzkohlenmagazinen. — J., Theaterbrände. — J., Waldbrände. — Kirchmair, Behandlung d. Löschmaschine. — J., Geblieben auf dem Felde der Ehre.

Jung, Ludw., für Feuerw. Heft 3. Ebend. 1877. kl. 8. (132 S.)
M. 1.40

Inh.: Explosion in Gasfabriken. — Aus dem Reisebericht d. V.-Spritzen-
meisters der Münchn. Feuerwehr. — Wie kann die Vermehrung der
grossen Brände verhindert werden? — Die Schiffsdampfspritze in
Amsterdam. — Eine gefährl. histor. Feuersbrunst. — Ebert, Feuer-
wehr-Bibliotheken. — Kayser, das Anräumen der Brandstätte. —
Zusammenstellung der mit dem Theaterbetriebe verbund. Gefahrs-
momente etc. — Entstehung und Verhütung von Unglücksfällen. —
Explosionsgefahren bei Dampfkesseln. — Die Feuer-Telegraphenan-
lagen in Frankfurt a. M. — Beobachtungen u. Erfahrungen. — Der
Brand des Stadttheaters in Regensburg — Gefallen auf dem Felde
der Ehre. — Carl Metz und die Entstehung der ersten deutschen
Feuerwehren.

— für Feuerw. Heft 4. Ebend. 1882. kl. 8. (130 S.) M. 1.40

Inh.: Zur Gesch. des Feuerlöschwesens. — Unglücks- und Erkrankungs-
fälle im Feuerlöschdienst. — Der Brand im Wiener Ringtheater. —
Reinhold Hirschberg. — Gründung der ersten freiw. Feuerwehr in
Bayern. — Explosionen. — Alarmirung und Fahrt zur Brandstätte.
— V. d. Zuverlässigkeit im Feuerwehrdienst — Sanitätseinrichtungen
der Feuerwehren. — Gefallen auf dem Felde der Ehre: Franz Müller,
Mich. Mayer, Seb. Stelzer, Jac. Aubele. — Benj. Franklin, als Gründer
der ersten freiw. Feuerwehr. — Brandmauern.

— für Feuerw. Heft 5. Ebend. 1884. kl. 8. M. 1.40

Inh.: Rettung bei Entzündung von Kleidern. — Zum Feuerschutz öffentl.
Gebäude. — Besichtigung grösserer Gebäudecompl. d. Feuerwehr. —
Gründung der ersten Landfeuerwehr. — Kenntniss der Gesetze. —
Ursachen von Unglücksfällen im Feuerwehrdienst. — Die Uebung.
— Neue Wasserleitung in Bezug auf Feuerlöschwesen. — Im Dienste
der Nächstenliebe. — Ueber die Ausbildung von Landfeuerwehren. —
Störungen bei Bedienung der Löschmaschine. — Franz Thurner, der
Gründer der Feuerw. in Tyrol. — Die 1. Feuerwehr-Versammlung in
Deutschland und ihre Veranlasser. — Ueber Benutzung v. Schiebe-
leitern. — Das ethische Princip d. freiwilligen Feuerwehr. — Ueber
Pünktlichkeit.

— **Handbuch des bayer. Feuerlösch- und Rettungswesens.** Hof, 1884, G. A. Grau u. Co. (Rud. Lion) Im Druck.

— **die Landes- und Provinzial-Feuerwehr-Unterstützungskassen.** München, E Mühlthaler. 1879. gr. 8. (44 Seiten.)

— **Löscheinrichtungen in den grösseren Städten Deutschlands,** gr. 8. (III. u. 102 S.) München, Franz, 1876. M. 2.—

— **Feuerlöschordungen.** 8. (103 S.) Münch., Franz, 1873. M. 1.—

— **die Menschenrettung in Brandfällen.** München, Druck von Knorr u. Hirth. (Leipzig, R. Scheibe.) 8. (16 S.) M. —.30

— **Uebungsbuch für Landfeuerwehren.** 9. Auflage. München, G. Franz. kl. 8. (68 S.) M. —.50

— Vergl auch Behandlung, Denksprüche, Dienst-Taschenbuch, Feuerwehr-Liederbuch, Gesetze, Jahrbuch.

Kalender für die bayrischen Feuerwehren, Jahr 1872—1884. I.—XIII. Jahrgang. 16. (à 80—96 S.) Sulzbach, von Seidel. à Jahrgang M. —.30

4*

Kamel, Andr., Katechismus für die freiw. Feuerwehr Reichenhall's. 16. (24 S.) Reichenhall, Selbstverlag, 1869. M. — 40

Kampens Beurtheilung der Neubert'schen Spritze.
Allgem Unterhaltungen 1769. S. 85. M.

Kapff, Dr. F. G., Illustrirte Feuerlöschregeln für Jedermann. Vierte gänzlich umgearbeitete Auflage. Mit 125 Holzschn. 1878 Stuttgart, W. Kohlhammer. gr. 16. (336 S.) M. 2.80
Geb. M. 3.40

Feuerwehr-Bibliothek Heft 4.

— Die freiw. Feuerwehr. Ihre Leistungen und ihre Gegner. Stuttgart, Kohlhammer, 1865. 8. (45 S.) M. —.60

Karsten, Wenzel, Abhandlung über die vortheilhafteste Anwendung der Feuerspritzen, nebst einer andern über die allg. Theorie von der Bewegung des Wassers in Gefässen u. Röhren. 4. Greifswalde, Cnobloch in Leipzig, 1773. M. 4.—

Katalog der Feuerwehr-Requisiten-Ausstellung in Salzburg 1883 anlässl. des XII. deutschen Feuerwehrtages. Salzburg 1883. (Leipzig, R. Scheibe). 8. (32 S.) M. —.50

— für die Ausstellung v. Feuerlöschgeräthen in St. s. Catalog.

Kataloge der Ausstellungen in Jena, Ulm, Gunzenhausen, Regensburg, Braunschweig, Linz.

Kellerbauer, Leiter-Exercitien. 4. Stuttg. Kitzinger. M. —.20

— Ueber Hakenleitern und Hakensysteme. Mit 19 Holzschn. (Sep.-Ausg. a. Kapff's Feuerlöschregeln.) 4. Aufl. 8. (29 S.) Stuttgart, Kitzinger, 1878. M. —.40

Kernreuter, Einrichtung freiwilliger Feuerwehren u. Organisation von Landfeuerwehren. 2. verm. Aufl. Wien, Selbstverlag, 1872. M. 2.—

Kersting, J. P., Unterricht über den geschwinden Gebrauch der Brandspritzen, nebst den hiezu gehörigen Löschgeräthschaften u. Rettungsmitteln. Mit 4 Kpfr.-Tfln. Münster, Theissing, 1792. M. 2.25

Kies, G. Fr., der Selbstrettungsapparat in Feuersgefahr. Erfunden von Gebr. Herrenberger in Wien. M Abb. 8. Reutlingen, Enslin & Laiblin, 1860. M. —.60

Kiesewetter, Dr. F., Landesspitalarzt in Troppau, erste Hilfeleistung bei Unglücks- und plötzlichen Erkrankungsfällen in Abwesenheit des Arztes als Leitfaden für den

Unterricht in Sanitätscorps von Feuerwehren, Fabriken, Eisenbahnen, Bergwerken etc. und zum Selbstunterricht für Jedermann. M. zahlr. in den Text gefügten Abb. u. 2 color. Tafeln. Troppau, Ed. Zenker. Geh. M. 4.—
Cart. M. 4.60

Kirchner, J. C., in Schweinfurt, der Feuerwehrmann bei Spritzen-Prüfungen u. Spritzen-Visitationen. 2. Aufl. Schweinf. 1883. Selbstverl. (Leipzig, R. Scheibe.) 8. (29 S.) M. —.25

— u. L. Eberth. Selbstunterricht f. d. Feuerwehrmann u. Feuerwehr-Commandanten in der Gebäude-Construction, soweit deren genauere Kenntniss für Löschzwecke dienlich sein kann. Ein Hilfsbüchlein besonders zu Vorträgen in Winterabenden geeignet, mit 6 Figurentaf. (qu. Fol.) 1880. Selbstverlag v. Kreisersatzvertr. Kirchner in Schweinfurt. (Leipzig, R. Scheibe.) gr. 8. (IV, 43 S.) M. 1.—

Klinghorn, Eman., Abbildung u. Beschreibung der Rettungs-Apparate für Menschen in Feuers- und Wassernoth. Nach engl., franz. u. deutschen Schriften über diesen Gegenst. bearb. Mit 34 Abb. Quedlinburg, 1832, G. Basse. M. 2.—

Klügel, G. S., Abhandl. v. der besten Einrichtg. der Feuerspr. Mit Kupferst. gr. 4. Berlin, G. Reimer, 1774. M. —.75

Kob, J. A., u. Chr. Mossbach, Mittel gegen Feuers- u. Wassergefahren. 8. Wien, Kaulfuss, 1795. M. —.50

Koch, Leonh., Feuerwehrbüchlein für Jedermann, zunächst für Gemeinde-Verwaltungen und Volksschulen. (Eine 2. verm. Auflage des im Jahre 1836 herausgekommenen Büchleins „Wo brennts?" od. das kluge Verhalten bei Feuersbrünsten.) gr. 16. (VIII und 47 S.) Eichstädt, Krüll, 1872. M. —.25

Koch, Math., Vorschläge zur Erzielung grösserer Sicherung vor Feuersgefahr, vorzüglich auf dem Lande, durch umfassende Benützung von chemisch-, technisch- und anderen zweckdienlichen Mitteln. (Mit 2 Abb. auf 1 Bl. in 4.) 8. Wien, Kummer in Leipzig, 1836. M. 1.50

Köller, F. A., Abhandlung über ein untrügl. Feuerlöschungsmittel, oder Anleitung zur Anfertigung einer wohlfeilen u. überall leicht herzustellenden Masse, die bei der heftigsten Feuersbrunst unter den schwierigsten Verhältnissen ihre Wirkung durchaus nicht verfehlt, in der stärksten Winterkälte nicht gefriert, auch nie verdirbt etc. gr. 8. Düsseldorf, Habicht in Bonn, 1831.   M. 1.75

König, Fr., Anlage und Ausführung von Wasserwerken. gr. 8. (XII, 296 S. m. Holzschn. u. Lith.) Leipzig, Otto Wigand, 1868.   M. 6.—

Körner, J. Beschreibung einer neu erfundenen Vorrichtung zu den Feuerspritzenschläuchen, vermittelst welcher man bei einem entstehenden Brande das Wasser in jede erforderl. Höhe und Richtung von aussen ohne Leiter und ohne die mindeste Gefahr in jedes brennende Gebäude bringen kann. Nebst der Beschreibung einer ganz neuen Art Gewinde zu den Spritzenschl. M. Zeichn. 8. Rottweil (Herder).   M. 1.—

Kosmann, Prof., Abhandlung von Verbesserung der Spritzen. **Denkwürdigkeiten der Mark Brandenburg. 1796. Nr. 8. M.**

Krause, W., Handbuch zur Errichtung und Einübung discipl. Feuerwehr-Corps. Mit eingedr. Holzschn.-Abbild. Budapest (Stolp) 1876. gr. 8. (162 S.)   M. 2.50

Kreis-Feuerwehr-Zeitung für Unterfranken. Red. u. Verl. von J. C. Kirchner, 1884. Schweinfurt. 24 Nmrn.   M. 4.—

Kropff, Osc., Beschreibung der Construction der Feuerspritzen. nebst Anweisung zum Gebrauche und zur Pflege derselben, sowie gemeinnützige Anleitung zur Einrichtung und Verb. einer wirklich praktischen Feuerlösch- u. Rettungs-Anstalt. Ein Handbuch für Stadt- und Dorfbehörden, Vorsteher u. Mitglieder der Rettungsvereine etc. Mit 13 lithogr. Tafeln. Lex. 8. Nordhausen (Büchting) 1859.   M. 4.—

Krügelstein, J. Chr., Vollständiges System der Feuerpolizei-Wissenschaft. 3 Thle. 8. Lpzg., Voss. 1798—1800. M. 18 —

Krüniz, oekon. Encyklopädie Bd. 13. S. 19—230: Feuer-Anst.

Kübel, H. A., die Dienstpflichten der Feuerschauer, Rotten-meister und Spritzenmeister in Württemberg. Stuttg. 1845.

Kuchelbecker, Fr. Chr. H. Feuerbüchlein, oder kurze Anweisung für Bürger und Landleute, wie sie sich während und nach Feuersbrünsten zu verhalten haben. 8. Leipz. 1798.

Kugler, Jos., Lehrer, die Vorkehrungen gegen ein Brandunglück in der Schule. Ein Beitrag zur Schul-Hygieine. Wien, Verlag des Verf., VIII Josephstätterstr. 32, 1884. (Leipzig, R. Scheibe.) gr. 8. (16 S.)   M. —.30

Küan, H. G., Beschreibung eines neuen unterm 31. Dec. 1846 für das Königreich Sachsen patent. Verfahrens zur sichern Löschung jedes, in mehr od. weniger geschlossenen Räumen ausgebrochenen Feuers. gr. 8. (39 S. mit 1 Tabelle in 4 und 1 Steindruck-Tafel.) Meissen, Klinkicht u. Sohn, 1847. M. —.75

Kurtz, die Feuerpolizei u. das Feuer-Societätswesen. 8. Berl., Pfeiffer, 1877. M. —.75

Labus, Stephano, Proposte per la riforma dei servizie relativi all' estinzione degli incendi. Mailand 1872.

Lahde, G. L., Branden Kjobenhaven, d. 5., 6. og 7. Juny 1795.

Lampadius, W. A., Anleitung z. Gebrauche der chem. Hilfsmittel zur Verminderung der Feuersgefahr in unsern Wohnungen. gr. 8. Leipzig, Barth, 1833. M. —40

— Kurze Darstellung der vorzüglichen Theorien des Feuers, dessen Wirkungen und verschiedenen Verbindungen. gr. 8. Göttingen, Dietrich, 1793. M. 1.15

Langsdorf, H., die Schweizerische Feuerwehr 1873—1878. 8. (111 S. mit 2 Taf.) Leipzig, R. Scheibe. M. —.50

— Anhang hierzu: Hilfeleistung bei Unglücksfällen. 8. (15 S.) Ebend. M. —.25

— der Schweizerische Feuerwehr - Kommandanten - Kursus in Luzern. Ebend. M. —.25

Leitenberger, F., das freiwillige Pompier-Corps. Prag 1855.

Leonhardt, Sattlermeister, Abbildung und Beschreibung der Feuer-Rettungsmaschine. gr. 8. Berlin 1822. M. —.40

Lettenbauer, C., Exercier-Ordnung der Augsburger Feuerwehr. Mit 10 lith. Taf. 4. verb. Auflage. 16. (48 S.) Augsburg, Jenisch & Stage, 1872. M. 1.—

Leupold, Jacob, aus Planitz bei Zwickau, Beschreibung und Abbildung eines Druckwerks mit dem krummen Zapfen u. Schwungrad.
   Schauplatz der Wasserkünste. [Theatr. mach. hydr.] M.

— Theatrum machinarum hydraulicarum. 2 tomi. Leipzig 1724 bis 1725. 368 S. u. 107 Kpfrtaf. Fol. à M. 7.50

Lieder der Augsburger Feuerwehr. 7. Aufl. 16. (96 S.) Augsburg, Jenisch u. Stage, 1878. Cart. M. —.36

Lindenroth, Gust., die Geschichte d. Feuerlösch- u. Rettungs-Vereines zu Elbing, von seiner Gründung bis in die neueste Zeit, nach den Acten bearbeitet. 8. (118 S. u. 7 Beilagen.) Danzig, Meissner in Elbing, 1867.　　　　　　M. 1.50

Lindner, Gust., k. Rath und Universitäts-Professor, Ehren-Commandant u. Ehrenmitglied mehrerer freiw. Feuerwehren, das Feuer. Eine culturhistorische Studie. Brünn, Rud. M. Rohrer, 1881.　　　　　　　　　　　　　　M. 6.—

— das Feuerlöschwesen in der Stadt Hermannstadt. 8. (58 S.) Hermannstadt, Selbstverlag, 1876.　　　　　　M. —.50

— zur Reform des Bau-, Feuerpolizei- und Versicherungs-wesens in Ungarn. Budapest, Pfeiffer, 1877.　　M. 1.—

Liniere, D. de, pompes sans cuir. Paris, 1768.

Link, Alb., die Feuerlöschspritzen, deren richtige Anwendung und Behandlung. 8. (VIII, 61 S. u. 1 lithogr. Tafel in 4.) Freiburg i. Br., Wangler, 1854.　　　　　　　　M. 1.—

— Beiträge zum Feuerlöschwesen der Gegenwart. 8. (VII und 100 S.) Freiburg i. Br., Herder, 1864.　　　　　M. 1.50

Lips, M. Alb., Wie lässt sich dem Wiederabbrennen ganzer Städte und Märkte in Zukunft vorbeugen und wie lassen sich die noch nicht niedergebrannten Orte vor einem ähnlichen Schicksal schützen. Ein Beitrag zur Feuer- u. Bau-Polizei. 8. Erlangen, Palm u. Enke, 1824.　　M. —.60

Littrow, C. L. Edler von, das Toposkop auf dem St. Stephans-thurm in Wien. Ein Instrument, durch welches die Thurm-wächter in den Stand gesetzt werden, den Ort einer Feuers-brunst stets, bei Tag wie bei Nacht mit gleicher Sicherheit anzusagen. Beschrieben und erläutert. gr. 8. mit 2 lith. Taf. Wien, Gerold's Sohn.　　　　　　　　　　M. 2.—

Löschanstalten, Ueber die, auf der Landschaft Zürich. Orell Füssli u. Co.　　　　　　　　　　　　　　　M. —.20

Löscher, K., Erfindung einer Feuerspritze, welche ganz ohne Röhrwerk, ohne Kolben u. Ventile durch die Kraft zweier Menschen eine grosse Menge Wasser zu beträchtl. Höhe treibt etc. 4. mit 7 Kpftfln. Leipzig, W. C. Vogel, 1792. M. 2.—

Maass, J. C., Anweisung zur Verfertigung wohlfeiler Feuer-spritzen zum Gebrauche für die kleineren Städte und das platte Land. 2. Aufl. 4. Hannover, Hahn, 1826. M. 1.20

Machine ou pompe pour s'élever l'au dans les incendies, par un Armurier de Semur en Auxois.

Machines approuvées par l'Acad. des Sciences de Paris. 1699. T. 1. p. 150. M.

Magirus, C. D., Anl. zur Gründung v. Feuerwehren in Landstädten u. Dörfern. 16. (114 S.) Ulm, Ebner, 1872. M. 1.—

1. Aufl.: Die Einrichtung von Feuerwehren etc. 1870. Selbstverlag.

— das Feuerlöschwesen in allen seinen Theilen nach seiner geschichtl. Entwicklung von den frühesten Zeiten bis zur Gegenwart. Mit 280 Abb. Ulm, 1877. Selbstverl. M. 8.—

Inh.: Die Literatur über Feuerlöschwesen. — Allgemeine Geschichte des Feuerlöschwesens. — Chemische Feuerlöschmittel. — Ausrüstung d. Feuerwehr. — Organisation. — Brand-Ursachen. — Verhalten beim Feuer. — Anhang: Kassenwesen. — Statuten.

— Alle Theile des Feuerlöschwesens. Mit 100 lith. Abb. auf 10 Foliotafeln. 2. Aufl. 1851. 8. (72 S.) Selbstverl. M. 1.—

Die erste Aufl. erschien 1850 in d. J. B. Metzler'schen Bchh. Stuttgart.

— Uebungs- und Feuerlöschregeln. 16. (52 S.) Ulm, Ebner. 1872. M. —.30

— Bericht über die Feuerwehr in Ulm.

— Bericht über die Statistik der Feuerwehren Württembergs, 8. Ulm, Ebner, 1869. M. —.50

— Exercier-Reglement und Gebrauchs-Anweisungen zu Schubleiter, Hakenleiter, Steigbock, Rettungsschlauch, Rauch-Apparat etc. Ulm, Ebner, Selbstverlag. à M. —.03

Mahnwort, ein, an Jedermann über Feuersicherheit u. Feuerschutz im Theater. 8. (24 S.) (Leipzig, R. Scheibe.) M. —.50

Mann, Abbé, über versch. Erfindungen die Gebäude auf eine sehr einf. Weise gegen Feuersbrünste zu versichern. Aus dem Franz. 8. Frankfurt, 1790. M. 1.—

Manuale teoretico-pratico sulle estinzioni degli incendi del corpo dei pompieri della citta di Milano. Mailand 1872.

Manuel, nouveau, complet du sapeur-pompier, redigé par une commission d'officiers du bataillon des sapeurs-pompiers de la ville de Paris. 1851. M. 2.—

— Dasselbe 1868. M. 2.—

— officiel du sapeur-pompier, composé par les officiers du régiment de la ville de Paris, publié par ordre du Ministre de la guerre. Nouv. éd. ill. Paris, 1880. (Leipzig, A. Twietmeyer.) M. 3.50

Vergl. Paulin u. Placenet.

Mariotte, œuvres. Traité du mouvement des eaux. 1717.

Seite 445 die erste Nachricht über d. Windkessel. M.

Marquarti de cura Romanorum circa incendia. Lipsia 1689•

Matschnigg, Alb., deutsch-österr. Feuerwehr-Liederbuch. 16. (131 S.) Klagenfurt, Leon, 1870. M. —.40

Meerwein, E. Gedanken-Aeusserung: Wie und auf welchem Wege bei Feuersbrünsten in den meisten Fällen sichere Rettung den Menschen und ihrer Habe zu bringen ist, etc. 8. Rottweil (Herder) 1820. M. —.30

Meiser, F., das kgl. Hof- und Nationaltheater in München. Franz in München, 1840.

Mellin, J., Anleitung zur wohlfeilen, zweckmässigen u. dauerhaften Erbauung einer neuen Art von Feuerleiter-Schauer für kleine Städte und Dorfgemeinden. 8. mit 1 Kupfertafel. Berlin (Schüppel) 1828. M. 1.25

Mémoire sur les diverses manières d'éteindre le feu dans les les incendies.

Nouvelliste œcon. Tom. 5. M.

Metzner, F., Hat die Feuerwehr eine Berechtigung, von den Assekuranz-Gesellschaften Beiträge zu fordern? Entgegnung auf die in „Wallmann's Versicherungs-Zeitung" enthaltene Frage. Stuttgart, Kohlhammer. M. —.40

— Ueber Feuerlösch- und Versicherungswesen. Vortrag, geh. am 15. Aug. 1869 zu dem 1. thür. Feuerwehrtage in Jena. 8. (14 S.) Gera, Kanitz, 1869. M. —.15

— Werth d. Landesfeuerversicherungen. Chemnitz, Hager, 1869.

Meunier, E., die Brandursachen in den Fabriken. Autorisirte deutsche Ausgabe von Dr. jur. A. F. Elsner. Mit Abbild. 2. Aufl. 16. Berlin, Th. Grieben. M. 6.—
Geb. M 7.—

Meyer, Carl, d. Züricher Feuerversicherungswesen. Eine Sammlung der im Kanton Zürich über die Feuerversicherung u. die Feuerpolizei bestehenden Gesetze, Verordnungen etc. Mit Anmerkungen. 8. (IV, 112 S.) Zürich, Schulthess, 1864. M. 1.20

Meyer, Gerhard, Betankam om vattu-sprutoss olika beskaffenhet at Kuma gora basta gagn vid eldsvador.

Svenska Vetensk. Acad. Handl. 1774. S. 150. M.

Meyer, Mor. Die Feuerlöschanstalten in Paris und Mailand im Vergleiche mit den unseren. Ein Werk zur Beherzigung für Behörde und Bürgerschaft. 8. Mit 2 Steindr.-Tafeln in 4. Berlin, Schlesinger, 1832. M. 1.25

Mittel, einziges und untrügliches, eine jede brennende Esse augenblicklich zu löschen, dass daraus weder für d. Hausbesitzer u. Nachbarn, noch für das Haus selbst der mindeste Schaden entstehen kann etc. Mit 2 Kpf.-Tfln. 8. Leipzig, Melzer, 1823. M. 1.50

Mittheilungen über den 7. deutsch. Feuerwehrtag zu Braunschweig. Mit Illustrationen. 4. (47 S.) Braunschweig, Vieweg & S., 1869. M. 1.60

— über den 9. deutschen Feuerwehrtag in Cassel. 1874.

Mohr, H., die Wasserbeförderung. M. 26 Foliotaf. M. 7. 50

Moitrel, nouvelle manière d'éteindre les incendies avec plusieurs autres inventives utiles à la ville de Paris. Paris 1725.

Möller, J., über Rettung der Mobilien bei Feuersbrünsten. (Preisschrift.) 8. Hamburg, Herold jun., 1796. M. —.30

— Beiträge zur Feuer-Assekuranz und Feuerlöch-Anstalten. 8. Dortmund, 1798. M. —.50

Monatsblätter der Wiener freiw. Rettungs-Gesellschaft. Red. Edg. Spiegel, Verlag der Gesellsch. Wien, 1884. M. 8.—

Mossory, W., Fragmente über den Geist der Zeit. 2. Heft. Feuerlösch-Instr. gr. 8. Glogau (Günther) 1808. M. —.50

Moyens de trouver de prompte secours dans les incendies, extraits des differents ouvrages.
Journal œcon. 1767. M.

Müller, M., illustrirte Patentberichte No. 4. S. Patentberichte.

Mylius, O., der kleine Feuerwehrmann. Kom. Lied. Musik v. F. Jäger. Berlin, Ed. Bloch. M. —.60

— die Perleberger Feuerwehr. Couplet v. O. Mylius. Musik v. F. Jäger. Berlin, Ed. Bloch. M. —.60

Nachweisung über die organisirten Feuerlöscheinrichtungen in der preussischen Provinz Sachsen. 1875.

Neander der Zweite, Beschreibung eines Fuhrwerks zur bequemen und leichten Fortschaffung der Wassertonnen beim Feuerlöschen, ingl. zum Brief- und Postwagen, in Fabriken, beim Garten- und Chausseebau etc. Mit 1 Kupfer-Tafel. 4. Berlin (Sander) 1800. M. 1.—

Neu, L., Uebungs- u. Dienstbuch für freiwillige Feuerwehren. 8. Lohr, Liebe, 1881. M. —.50

Neueste, das, und Ausführbarste in der Feuerpolizei und Feuerbaukunst zur Anwendung und schnellsten sichersten Rettung bei Feuersbrünsten. 8. Züllichau (Darnemann) 1824. M. —.20

Neuhold, E., der II. steirische Feuerwehrtag in Graz vom 29. Juni bis 1. Juli 1872. Enth.: Festbericht. — Stenogr. Protokolle der Verhandlungen. — Erste Statistik der steir. Feuerwehren. — Ausstellungs-Catalog. — Zusammensetzung u. Gutachten der Jury. 8. Graz, Selbstverl., 1872. M. 1.—

Niemann, A. Chr. H., Uebersicht der Sicherungsmittel gegen Feuersgefahr und Feuersbrünste. 8. Hamburg, A. Campe, 1796. M. 1.—

Nittinger, P., allg. nützliche Vorschläge zur Verminderung der Feuersgefahren, insbes. aber nützliche Erfindung alle Feuer schnell und sicher zu löschen. 8. Darmstadt 1823.

Normale für Spritzenproben. Graz, Verlag des steir. Feuerwehrverbandes. M. —.60

Normal-Uebungs-Ordnung für die Feuerwehren der Provinz Sachsen. 5. Aufl. v. 29. April 1882. Merseburg (Leipzig, R. Scheibe.) M. —.25

Noth- und Hilfsbuch s. Erhard.

Noth- und Hilfstafeln zur Verhütung der Feuersgefahren. Nr. 1 und 2. Cöthen, Aue, 1804. M. —.20

Nübling, Th. Ul., auf vieljährige Erfahrung gegründete Beobachtungen für eine zweckmässige Einrichtung der Rettungsanstalten bei entstandenen Feuersbrünsten in Städten. Zugleich gründliche Anleitung zum praktischen Dienst der Rettungs-Compagnien. Mit erläut. Noten und Erzählungen nebst genauen Angaben von der inneren Einrichtung der Ulmer Rettungs-Anstalt. 8. Ulm, Nübling, 1828. M. 1.—

Nussbaum, J., wer ist zuerst am Platz? Anleitung zu einer belehrenden Feuerwehr-Unterhaltung, zugleich Uebung der Feuerwehren in Lokalen. Mit 1 Abb. 8. (8 S.) Reichenhall, Selbstverlag, 1874. M. —.20

Observations sur plusieurs changements avantageux dans les pompes pour les incendies. Paris 1749.

Mém. de Paris. Hist. p. 162. M.

Osiander, Benj., wie können Paläste, Schlösser, Schauspielhäuser etc. gegen Feuersgefahr geschützt werden? 8. Hannover, Hahn, 1812. M. —.65

Ottonis Diss. de officiis präfecti vigiliarum circa incendia. Ultrajecti 1733.

Otto, L. Anleitung zur Beurtheilung der Feuergefährlichkeit bei Versicherungen, insbes. der industriellen Etablissements. 16. Essen, Rathke, 1868. M. 2.50

Palmer, G. Beschreibung eines neu erfundenen Mittels gegen Feuersbrünste etc. 8. Leipzig, 1803. M. —.30

Pansner, J. H. L., der Pyrotelegraph, oder Beschreibung, wie man bei Nacht den Ort eines Feuers schnell und richtig bestimmen kann. Neue Ausg. mit 1 Kpftfl. gr. 8. Leipzig, Serig, 1829. M. 1.50

Pasta, L., über Schadenfeuer und Feuerlöschen. Ein Leitfaden für grosse und kleine Gemeinden. Mit 17 Xylogr. 2. vermehrte Auflage. Lex. 8. (142 S.) Prag, Bellmann, 1859. M. 2.—

Patent-Berichte, illustr. Sachliche Zusammenstellung der in bes. Klassen ertheilten Patente. Her. v. J. Brandt u. G. W. v. Nawrocki. Red. M. Müller, Ing. Nr. 2. Beleuchtungsgegenstände nebst Anh. über elektrische Beleuchtung. Mit 115 Abb. 8. Berlin, Th. Grieben. M. 3.60
Geb. M. 4.—

— Nr. 4. Rettungswesen. Sachliche Zusammenstellung der bis Ende 1879 in dieser Klasse ertheilten Patente, nebst Anh. über Vorrichtungen z. Schutze der Gesundheit bei gesundheitsgefährlichen Beschäftigungen. M. 30 Abb. 8. Ebend. 1880. M. 1.20

Patera, A., über Flammenschutzmittel und über einige Versuche, neue Flammenschutz-Präparate in die Praxis einzuführen. 8. (34 S.) Wien, Braumüller, 1871. M. —.80

Paul, C. A., Einer von der Feuerwehr. Soloscene für einen Herrn. Berlin, Ed. Bloch. M. 1.—

Paulin, Chevalier Gustave, nouveau manuel complet du sapeur-pompier. Mit Atl. von 52 Taf. Paris 1845.　　　M. 2.—

— Theorie d. Feuerlöschens, oder neues Handb. des Pompiers. 8. Hamburg, Hoffmann & Campe, 1848.　　　M. 1.50

Pauly, Max, kurze Anleitung für die Errichtung freiwilliger Feuerwehren.　　　M. 1.—

— in Eberswalde, die Organisation der Feuerlösch-Hilfe auf dem platten Lande. 1882. 8.　　　M. —.50

Personen-Rettung, die, in Brandfällen. Bericht d. Brüsseler Special-Kommission. M. Ermächtigung der Communalbehörde zu Brüssel aus dem Franz. übers. v. G. Kitzinger. 12. (88 S.) Stuttgart, Kitzinger, 1880.　　　M. —.80

Petri, F. E., Brandtafel, od. kurzgefasste Belehrung üb. Brand-schäden-Verhütung etc. 2. Aufl. Royal-Form. Fulda (Roos) 1823.　　　M. —.12

Petri, J. G., unentbehrliches Feuerbuch für alle Stadt- und Landgemeinden, oder deutliche Belehrungen über die Kunst Feuersbrünste zu verhüten, entstandene zu löschen u. Hab und Gut zu retten. Nach den Grundsätzen des Pariser Spritzencorps bearbeitet. 8. (Ilmenau) B. F. Voigt, Weimar, 1829. Vergriffen. S. Hellrung.　　　M. —.75

Pezet de Corval, H., die erste Hilfe bei Verletzungen und sonstigen Unglücksfällen, z. Gebrauche für Offiziere, freiw. Helfer, Feuerwehrmänner, Lehrer etc. Mit 3 Tafeln. 8. (60 Seiten.) Carlsruhe, Bielefeld, 1870.　　　M. 1.20

Piroux, Moyens contre les incendies à Strassbourg 1782.

Plazanet, Colonel de, manuel du Sapeur-Pompier pour les villes et les campagnes. 7. éd. Paris, 1865.　　　M. 1.50
Vgl. Paulin 1845. — Erschien ferner 1851 60. 68. Vgl. Manuel.

Pompier Suisse, le. Red. L. Stein (Lausanne). Verlag der Schweizerischen Feuerwehrzeitung. 1884.

Pompiere Italiano, il. Red. Dr. F. G. Valle u. Dr. E. Baumann. Bologna, Const. Reyer. 12 Nummern. 1884.　　　M. 4.—

Poppe, J. H. M., Beschreibung und Abbildung der von Hoch-stetter erfundenen Maschine zur Rettung der Menschen bei

Feuersgefahr. Mit 2 Steindrucktafeln. 8. Frankfurt a. M..
Hermann, 1815. 1.15

Poppen, E. Feuerwehr-Liedersammlung. 32. (128 S.) Freiburg
(Diernfellner) 1870. M. —.40

Prokop, Aug., Architekt u. o. ö. Professor a. d. techn. Hoch-
schule in Brünn, die Sicherheit der Person im Theater n.
einem Beitrag zur Theaterbau-Frage. Mit 4 Taf. (39 Fig.
enth.) Brünn, R. M. Rohrer, 1882. M. 1.—

Proposal, a, for sheeking in some degree the progress of
fire. 1748.
Phil. Transactions. No. 487. M.

Protocolles concernants les expériences faites par le Sieur
F. J. v. Aken contre les progrès des incendies. 1793.
Erschien in schwed. und franz. Sprache in Stockholm. M.

Querner, Ch., Ideen zu einer Vereinigung des Landsturmes
mit der Feuerlöschung. 8. Weimar, 1816.

Rath, guter, wie man sich mit wenig Kosten vor dem Aus-
bruche einer Feuersbrunst schützen kann. Nebst Vorschlägen,
die Schindel- und Strohdächer, sowie das innere Holzwerk
der Häuser feuerfester als bisher zu machen. Von einem
wahren Freunde des Nützlichen. 8. Leipzig (Böhme) 1834.
M. —.40

Rathgeber zur Sicherung gegen u. in Feuersgefahr. (64 S.)
Zwickau, Verl. d. Volksschr.-Vereins, 1859. M. —.30

Rathke, Uebungsvorschrift der freiw. Turner-Feuerwehr zu
Lüneburg. 8. (24 S. mit 10 lith.Tafeln.) Lüneburg, Engel,
1872. M. —.75

Réaumur, R. A. F. de, sur une nouvelle machine pour le feu.
Mém. de l'acad. roy. de Paris. p. 144. M.

Reglement für die Feuer-Societät der ostpreussischen Landschaft. Vom 30. December 1837. 4. (22 S.) Königsberg,
Hartung, 1874. M. —.50

Regolamento sul servizio per l'estinzione degli incendi. Mailand 1873.

Regulativ, die Fortschaffung und Gebrauchung der Land-
schlangenspritzen b. entstehenden Feuersbrünsten betreffend.
Gotha 1786.

Regulativ, den Feuerwehr-Fonds betreffend, vom 19. April 1873. 8. (14 S.) Dresden, Meinhold & Söhne, 1873. 15 Pf.

— für das Rettungs-Institut der Mobilien bei Feuersgefahren zu Gotha. 8. Erfurt (Henninger) 1799.　　　　M. —.40

Reisigl, Fr., Feuerverhütungs- u. Löschordnung f. d. Bauernmarkt St. Veit im Pongau des Herzogthums Salzburg. 4. Salzburg, Mayer, 1806.　　　　M. —.50

Reuss, Christ. Fr., Sammlung verschiedener allgemein verwendbarer Feuerordnungen u. Feueranstalten. 2 Thle. 8. Leipzig, Kühn, 1798 und 1801.　　　　M. 4 20

Revue des sapeurs-pompiers. Paris. 1—4. Jahrg. 1880—83. 52 Nmrn. (Paris.) — [Leipzig, A. Twietmeyer.] à M. 12.—

Richter, Dr. Carl, Statistik der freiwilligen Feuerwehren in Mähren und Schlesien. 8. (49 S.) Troppau, Buchholz und Diebel, 1870.　　　　M, —.60

Rieder, L., Feuerpolizei im Grossherzogthume Baden. 8. (27 S.) Heidelberg, Emmerling, 1874.　　　　M. 3.20

Riepenhausen, J. C., Mechanicus in Göttingen, Nachricht von Feuerspritzen.

Preuss. Sammler. Königsberg 1775. M.

Rodowicz-Oswiecimsky, Th., Grundzüge zur Errichtung militärisch organisirter Feuerwehren. Berlin 1855.

Röhlig, Dr. Karl, die Landfeuerwehr. 1857. Druck v. Schreiber in Jena.

— Die Feuerwehr in Landstädten u. Dorfschaften. Stuttgart, W. Kohlhammer, 1859.

Feuerwehrbibl. Heft 1.

Romberg, J. A., Sendschreiben an den E. E. hochw. Rath zu Leipzig über eine zweckmässige Einrichtung der Feuer- u. Löschanst. Lex. 8. Leipzig (Romberg) 1843. M. —.50

Romer, St., über die wasserd. und vor dem Feuer schützende Farbenmasse für Schindeldächer. (Hydosistegisch-pyroment. Farbenmasse.) 8. Wien, Gerold's Sohn, 1829.　　　　M. —.80

Rommerdt, Joh. Chr. K., Feuerschutzbuch für Stadt u. Land. Mit 3 Kupfertafeln. 8. Gotha, Hennings, 1827. M. 2.—

Rönsch, die Organisation einer Feuerwehr. Praktische Anleitung zur Organisation, Ausbildung u. Führung v. Feuerwehren für Stadt und Land. Mit 21 lithograph. Tafeln in qu.-Fol. gr. 8. (VIII u. 102 S.) Berlin, Stuhr'sche B., 1876. Cart. M. 6.—

Rösch, Mr., Feuerwehr-Büchlein. 1870. Druck von Reichard in Oedenburg.

Rosner, J., Signale für d. Feuerwehr-Horn in F, nebst einem Anhang von 4 leichten zweistimm. Märschen, 1 Feuerwehr-Hoch vierst. und 1 Zapfenstreich vierst. 16. (15 S.) Pless, Kummer, 1878. M. —.60

Roth, von Verfertigung einer feuerlöschenden Maschine. Stuttgart 1721.

Rühlemann, Dr., Oberstabsarzt im Königl. Sächs. Sanitäts-Corps, erste Hilfe bei Unglücksfällen. Tafel für Polizei u. Feuerwehren, Eisenbahnstationen, Turnhallen, Fabriken, Bergwerke etc. Leipzig (R. Scheibe). M. 1.—

Sabiel, Fr., Versuch zur Beantwortung der Preisaufgabe: Welches sind die besten Mittel, Feuersgefahr und Feuersbrünste auf dem flachen Lande zu verhindern? Auf Befehl des königl. Ministeriums aus den gemeinnützigen Blättern besonders abgezogen und herausg. v. Fr. G. Schlager. 4. Hannover, Helwing, 1829. M. —.80

Sammlung der bei der Stadt Hamburg eingeführten Feuerveranstaltungen und Ordnungen. Mit 8 Kpfftln. 1768.

— der schönsten Turn- u. Feuerwehrlieder. 16. (27 S.) Ingolstadt, Krüll, 1874. M. —.20

Sapeur-Pompier, le, her. v. Edm. Dusart, Cap. du Genie in der Belg. Armee. 1871—72.

— belge, le, organ du sauvetage. Red. v. Sadée, Comm. der Feuerwehr in Gent. 1874. (jährl. 52 Nummern.)

Scabell, C. L., das Feuerlöschwesen Berlins nach officiellen Quellen bearbeitet. gr. 8. (X u. 80 S.) Berlin, Springer, 1853. M. 2.—

— dasselbe 2. Abtheilg., auch unter dem Titel: „Instructionsbuch und Exercier-Reglement für die Mannschaften der Feuerwehr in Berlin." gr. 8. (XVIII und 149 S.) Berlin, Springer, 1854. M. 2 60

Schäfer, Dr. W., die Verstaatlichung des Feuerversicherungs-
wesens, insbesondere der Mobiliarversicherung. Hannover,
Schmorl & v. Seefeld, 1884.   M. 1.—

Schäffer's, J. C., von Gott verfluchter Feuersegen, oder Art,
Ursprung und Gräuel der Kunst das Feuer zu besprechen.
Leipzig, 1723.

Scheibmaier, A., Entwurf von Grundlagen u. Vorschriften z.
Bildung militärisch organisirter freiw. Feuerwehren mit allen
ihren Einrichtungen und Brandverfahren. Als Beitrag zur
Errichtung u. zur Verbesserung v. Feuerwehren in grossen
und kleinen Städten. gr. 8. (VI u. 111 S.) München, Franz.,
1860.   M. 1.50

Scheiger, J.. über Schutz und Hilfe gegen Feuersbrünste.
Den Bewohnern der kleinen Städte, der Märkte, Dörfer u.
einzelnen Höfe in Oesterreich gewidmet. 8. Wien, Gerold's
Sohn, 1835.   M. —.80

Scheitberger, T. G., Anweisung zur Verhütung der Feuers-
gefahren und wirksame Löschmittel gegen Feuersbrünste.
(Mit einer Vorrede von J. G. Frank.) 2. Auflage Erlangen
(Galen) 1793.   M. —.40

Schider, H., Leitfaden für freiw. Feuerwehren, insbesondere
zur Heranbildung von Chargen. Herausg. im Auftrage des
Verbandes der mährisch-schlesischen Feuerwehren. Lex. 8.
mit einem Atlas in Lex. 8 enth. 31 Taf. Brünn, R. Rohrer,
1878.   M. 8.—

Schiestl, Ant., Exercier-Reglement der freiw. Feuerwehr in
Bozen, nebst den allgemeinen Verhaltungsregeln beim Aus-
bruche eines Brandes, sowie bes. Vorschriften für die verschiedenen Abtheilungen, mit Horn- und Huppensignalen. 8.
(56 S.) Bozen, Selbstverlag, 1877.   M. —.60

Schlegel, Ph. Chr., über Feuersbrünste. Gutgemeinte und
dringende Worte an das Landvolk. 2. Aufl. 16. (32 Seiten.)
München, Rieger, 1852.   M. —.30

Schmalz, E. W. Feuerbüchlein oder Belehrung über Feuersgefahr und deren Abwendung. 2. Ausg. 8. Görlitz (Lobel)
1827.   M. —.18

Schmidt, Georg, die freiw. Feuerwehr zu Homburg v. d. H.,
Fraunholz, 871.   M. —.40

S c h m i d t, H., Fachcataloge für's Publikum Nr. 2. Die Literatur des Feuerlösch- u. Turnwesens, der Heilgymnastik, Fahr-, Fecht-, Reit-, Ring-, Schwimm- und Tanzkunst, v. 1860—1877. I. Sem. 8. Prag, C. Bellmann, 1877. M. —.40

S c h m i d t, Jul. Handbüchlein für den Feuerwehrmann. 10. verb. Auflage. gr. 8. (80 S.) Seifhennersdorf, Oliva Löbau, 1876. M. —.60

— Exercier-Reglement für Feuerwehren. 2. Auflage. 8. Seifhennersdorf, Selbstverlag, 1876. M. —.20

S c h m i d t, Louis, das Ganze des Versicherungswesens. 2. Aufl. 8. (VII, 352 S.) Stuttg., Jul. Maier, 1873. M. 4. —

S c h n e i d e r, Alb., Mitgl. d. Feuerwehr in Stuttgart, Anleitung beschädigte Feuerlösch- etc. Schläuche schnell u. dauerhaft zu repariren. Ein unentbehrlicher Rathgeber f. Feuerwehren, Theater, gewerbliche Etablissements u. s. w. Mit 1 lith. Tafel. Stuttgart, W. Kohlhammer, 1882. M. 2.—

S c h o l l e, F. Gesetze der freiw. Turnerfeuerwehr zu Dresden, des Landesvereines und der Landes-Unterstützungs-Casse für im Dienst verunglückte und erkrankte Feuerwehr-Mitglieder, nebst Anhang von militärischen und Geräthe-Exercier - Reglements, besonderen Verhaltungsmassregeln und einer Wachordnung. 8. (91 S.) Dresden (durch G. Ritz, Feuerlösch-Director) 1876. M. —.50

— Feuerlösch-Insp. in Dresden, über Theaterbrände, deren Ursachen und Verhütung, sowie die Einrichtung des Feuersicherheitswesens in den königl. Hoftheatern zu Dresden. gr. 8. (75 S.) Dresden, C. C. Meinhold & S., 1882. M. 2.—

— über Imprägnationsverfahren als Schutzmassregel gegen Feuersgefahr. Ebend. M. —.50

S c h ü l l e r, S., die Schule des Feuerlöschwesens. Mit Abbildgn. 8. (VIII u. 221 S.) Leipzig, J. J. Weber, 1865. M. 3.—

S c h u m a n n, R. Die Berufsfeuerwehr. Ein Leitfaden zu ihrer Organisation u. Verwendung. Mit 31 erläut. Holzschn. gr. 8. (IV. 129 S.) Bremen, Kühtmann & Comp., 1878. M. 4.—

— Brand - Director in Danzig, wie können auch kleinere Communen ohne zu grosse Kosten sich die Vortheile einer ständigen Feuerwehr verschaffen. gr. 8. (48 S.) Berlin, Gebr. Bornträger (E. Eggers.) 1867. M. 1.—

— Die Taktik der Berufsfeuerwehr. Mit 22 den Text erläut. Abbildungen. gr. 8. (104 Seit.) Berlin, Gebr. Bornträger, (E. Eggers.) 1868. M. 2.—

— Die finanziellen Resultate der gegenw. Feuerlöschsysteme und ihre Beziehungen z. Versicherungswesen. gr. 8. (71 S.) Berlin, Gebr. Bornträger, (E. Eggers.) 1869. M. 1.20

— Aus der Praxis. Taktische Manöver der Danziger Feuerwehr bei Bekämpfung grösserer Brände. Stuttg., W. Kohlhammer, 1869. M. 1.20
   Feuerwehr-Bibliothek Heft 2.

Schunck, R., Hauptmann im kgl. bayer. Geniestab, die grossh. hess. Feuerlöschanstalten, insbesondere jene zu Mainz und Worms. Nach officiellen Quellen und den an Ort u. Stelle gesammelten Notizen, zusammengestellt und auf Allerhöchsten Befehl veröffentlicht. gr. 8. München, C. Merhoff, 1863. M. 1.60. Hrbges. M. 1.—

— Das Sapeur-Pompier-Corps der Stadt Strassburg. Ein Beitrag zur Kenntniss der Organisation und des Dienstes d. französischen Municipal-Feuerwehrcorps. Nach officiellen Quellen und den an Ort und Stelle gesammelten Notizen bearbeitet und auf Allerhöchsten Befehl veröffentlicht. 8. München, C. Merhoff, 1863. M. 1.20. Hrbges. M. 1.—

— Handbuch der Pariser Feuerwehr. Auf Befehl des franz. Kriegsministeriums herausg. von einer Commission von Offizieren des Sapeur-Pompier-Bataillons der Stadt Paris. Für deutsche Polizeimänner und Communalbeamte, sowie für deutsche Bürger- u. Militärfeuerwehren bearbeitet. Mit 121 in den Text eingedruckten Holzstichen. 8. geh. Braunschweig, Vieweg & Sohn, 1856. M. 4.50

Schutz, Rettung u. Hilfe in Feuersgefahr. Als nützliches Handbuch für den Lehrer beim Unterricht darüber und zugleich als nothwendiges Lehr- und Lesebuch für den Bürger und Landbewohner, von einem sächsischen Schulmanne. gr. 8. Neustadt in Schleiz, Wagner, 1840. M. 1.50

Senff, E. F., über die absolute Sicherung gegen Brandnoth; als Fortsetzung des vom Baumeister Steiner herausgeg. Entwurfes einer neuen, durchaus feuerfesten Bauart etc. Mit 6 Kupfertaleln und 1 Tab. erläutert. gr. 4. Leipzig, J. A. Barth, 1812. M. 7.90

Senn, J. M., der grosse Brand in Glarus, oder treue Schilderung der verheerenden Feuersbrunst, welche in der Nacht von dem 10. auf den 11. Mai 1861 Glarus in einen Schutthaufen verwandelt hat. Nebst den nöthigen histor., topogr. u. statist. Notizen. 8. (32 S.) Zür., Schabelitz, 1861. M. —.55

Shaw, E. M. Fire surveys or a summary of the principles to be observed in estimating the risk of buildings. 1872. M. 12.60

— Fires in Theatres. London 1876. M. 1.20

— Fire Protection: Organisation etc. of the London Brigade. London 1877. M. 14.40

Signale für die freiwilligen Feuerwehren Deutschlands. Rossbach in Eschwege. 8. M. —.75

Silberschlag, J. E., Praktische Abhandlung von Prüfung der Feuerspritzen. Mit Anmerk. von J. G. Busse. Mit 1 Kpftfl. gr. 8. Laue in Berlin, 1800. M. 2.—

Stain, J. C., Einige Ideen über Feuerpolizei und Löschanstalten etc. 8. München, Fleischmann, 1823. M. —.90

Statuten des Rettungsvereines bei Feuersbrünsten zu Tuttlingen. 8. Freiburg, Herder, 1828. M. —.20

Steinbeck, E. G. Brandbüchlein für Familien, Schulen und Volkslehrer oder ausführliche Anweisung zur Verhütung aller Feuersgefahr, in jedem Hause, in der Stadt und auf dem Lande. 2. Aufl. 8. Halle, Anton, 1809. M. —.60

— Feuerkatechismus für die liebe Jugend in ganz Deutschland. 6. Aufl. 8. Leipzig, Baumgartner, 1808. M. —.30

— Neues Feuersnoth- u. Hilfsbuch. 8. Lpzg. 1818. M. —.60

— Feuersnoth- und Hilfsbuch für das deutsche Volk u. seine Freunde, nach Krügelstein's System bearbeitet. 8. Leipzig, Voss, 1802. M. 1.20

— Handbuch der Feuerpolizei für Marktflecken und Dorfschaften. 8. Jena, Cröker, 1806. M. 1.20

Steiner, J. Fr, B., Abhandlung, die Gebäude der Landleute durch neue Erfindungen mehr als jemals vor Feuersgefahr in Sicherheit zu stellen. Mit Kupfertafeln. gr. 8. Weimar, Hoffmann, 1782.   M. 1.—

— Entwurf einer neuen durchaus feuerfesten Bauart mit gewölbten Decken und Dachungen, zur Wohlfahrt und Sicherheit menschlicher Wohnung und anderer Gebäude. 2 Bände mit 16 illustr. Tafeln. ; r. 4. Weimar, Hoffmann, 1803.   M. 17.25

Sternberg, Noth- u. Hilfstafeln gegen Feuersgefahr, für Jedermann, und in Wohn-, Wirths-, Gesinde- und Schulstuben an der Wand zu befestigen. Fol. Schnepfenthal, Buchhdl. der Erziehungs-Anstalt, 1823.   M. —.25

Stoll, Chr., das Feuerversicherungswesen in Bayern. 4. Aufl. (XLVII, 628 S.) München, G. Franz, 1867.   M. 4. 50

Strasser, Chr. A., Preisschrift von den zweckmässigen Brand-, Lösch- und Rettungs-Anstalten in Städten und auf dem Lande. 8. Hamburg, Campe, 1788.   M. 2.20

Suter, Aug. Unsere Löschanstalten und Herr Ed. G. Smith. Bericht u. Vorschläge. gr. 8. Hamburg, Hoffmann & Campe, 1843.   M. —.75

Täpper, Bochum, Lieder für Feuerwehren. Selbstverlag.

Tedeschi, A., was ist besser, Feuersbrünste zu löschen oder sie zu verhüten? Ein Versuch über Feuer-, Feuerlösch- und Feuerschutzmittel, mit Angabe der bewährten Mittel. gr. 8. Wien, Gerold's Sohn, 1824.   M. 1.50

Teichmann, Fr., Feuersnoth- u. Hilfsbuch. Ueber Entstehung und Beträchtlichkcit der Feuersbrünste, Unterstützung d. Abgebrannten, Lösch- und Rettungs-Anstalten, Verminderung der Brandschäden etc. Mit 1 Abbild. gr. 8. Leipzig, Engelmann, 1831.   M. 3.—

Tésar, Ludw., Steiger-Zugs-Commandant der freiw. Feuerwehr-Abtheilung des Brünner Turnvereins, Katalog über die Literatur des Feuerwehrwesens von 1750 bis Ende 1879. Brünn, R. M. Rohrer, 1880.   M. —.50

Theaterbrände und deren Verhütung. Separat-Abdruck aus der „Oesterr. Verbands-Feuerw.-Zeitung". Ebend. M. —.40

Thillaye, pompes pour les incendies.
Mém. de Paris. Hist. p. 120 et 180. 1746. M.

Toast auf die Feuerwehr. (enth. in Ed. Bloch's Original-Deklamatorium Lfg. 26.) Berlin, Bloch. M. —.60

Toelichtingen omtrent de Zamenstelling en het Gebruck van de Brandspuiten te Amsterdam. 1864.

Tom Have, E. G., Versuch einer Abhandlung, wie kann auf dem Lande die Feuersgefahr verhindert und Löschungs-Anstalten besser eingerichtet werden. 8. Celle, Schulze, 1802. M. —.75

Triest, A. F., Handbuch zur Berechnung der Baukosten für sämmtliche Gegenstände der Stadt- und Landbaukunst in 18 Abtheilungen. gr. 4. Berlin, Duncker & H.: daraus 11. Abth. Die Arbeiten des Spritzenmachers und der Feuerlösch-Geräthschaften. gr. 4. 1827. M. 1.50

Trübswetter, Ant., Vorschlag bürgerl. Gebäude, mittelst hiezu erfundener Ziegel, durch Terrassen vor Feuer zu bewahren. Mit 2 Bog. Kupfer. 8. Wien, Krauss, 1786. M. 1.36

Turn- und Feuerwehr-Kalender, deutscher, für das Jahr 1870. gr. 8. (70 S.) Pirna, Diller & Sohn, 1870. M. —.50

Turner- u. Feuerwehr-Liederbuch, Allgem. 6. Aufl. 16. (XIII. 256 S.) Lübeck, Carstens, 1875. M. —.50
Cart. M. —.75

Tüzolto, magyar. Red. und Verl. von Mich. Teuffel. Papa, 12 Nummern. Jahrg. 1. M. 4. —

Ueber Feuerlöschwesen. Von einem deutsch-tyrol. Feuerwehrmanne seinen Kameraden und allen Feuerwehrfreunden gewidmet. 8. Bruneck, Mahl's Druckerei, 1873. M. —.20

Ueber den zweckmässigen Gebrauch der Feuerspritzen und und anderer Löschmaschinen. Zürich, 1790.

Ublman, Observations sur quelques perfections ajoutées à une pompe à incendie. Paris 1722.
Machines approuvées par l'Acad. des Sciences de Paris. T. 4. p. 35. M.

— M. O., additions à la pompe pour les incendies proposées. Paris 1735.
Im 4. Theil d. Machines et inventions approuvées par l'Acad. R M.

Universalita dei mezzi di previdenza per la calamita degli incendi. Mit 17 Tafeln. Bologna, 1848.

Valentiner, Fr., Ueber zweckmässige Brandanstalten in grossen Städten. Eine Preisschrift. 8. Hamb. u.Kiel, 1797. M. 1.—

Vanossi, A., Das Gewand aus Steinflachs (Asbest) oder neu erfundene, bewährteste, unverbrennbare Schutzbekleidung, vermöge welcher Pumpenwärter, Spritzenleute u. a. in höchster Flammenwuth aushalten und mit grösster Zuversicht retten können. Nach dem italienischen Original-Texte frei in's Deutsche übertragen. Mit einem Nachtrag: Beschreibung der Versuche etc. Mit 8 Abb. gr. 8. München, Lindau, 1831. M. —.75

Varau, nouvelle pompe à incendies.

Mém. de Paris. Hist. 1760. p. 162. M.

Varcourt, de, machine destinée au service des pompes pour éteindre les incendies et sauver les personnes et les effets quand le feu a gagné l'escalier.

Mém. de Paris. Hist. 1761. p. 158. M.

Verbands-Feuerwehr-Zeitung, Oesterreichische. Gemeinnützige Blätter für das Feuerlöschwesen. I.—VIII. Jahrg. (1877 , bis 1884.) 24 Nummern. 4. Brünn, Rohrer. à M. 4.—

1875: Der Haspelwagen. — 1876: Mähr.-schles. Feuerwehr-Zeitung.

Verhandlungen des I. Niederösterreichischen Feuerwehrtages am 17. Mai 1869 zu Baden. Nach stenogr. Aufzeichnungen. Statistik der freiw. und Turner-Feuerwehren v. Niederösterreich. Zusammengestellt von Heinrich Gierth. gr. 8. (48 S.) Baden, Otto, 1869. M. —.80

— des II. Delegirtentages des Verbandes der mähr.-schles. freiw. Feuerwehren, abgehalten am 8. September 1870 in Troppau. — Troppau, Verlag des Verbandes, 1870.

— des III. Delegirtentages etc. abgehalten am 9. Sept. 1871 in Bielitz. Ebend., 1871.

— des IV. Delegirtentages ete. abgehalten am 22. u. 23. Sept. in Znaim. Ebend. 1872.

Verordnung vom 11. April 1763 die Löschanstalten in Karlsruhe betreffend. Fol. Karlsruhe, Braun. M. —.60

Verordnung, betreffend das Brandwesen in Kopenhagen, vom 19. Juli 1799 (v. L. Tobiesen) aus dem Dänischen v. Prof. Ebeling. 4. Hamburg, 1800. Altona, Hammerich. M. 3.—

Veth, Leonh., praktische Anleitung zum zweckmässigen Gebrauche und zur Pflege der Feuerspritzen und Löschwerkzeuge. Eine auf 30jährige Erfahrung gegründete Anweisung. 8. (48 S.) Wien, Wenedikt. M. 1.—

Voch, Luk., Abhandlung von Feuerspritzen, nebst Unterricht wie man sich bei Feuersbrünsten zu verhalten hat. Mit 8 Kupf.-Tfln. 8. Augsburg, Rieger, 1781. M. 1.20

Vogelsang, A., der Bürger als Feuerwehrmann. Plan zur Organisation des Feuerlöschwesens in kleineren u. Mittelstädten. Mit 12 lith. Tfln. in gr. 8. und gr. 4. — gr. 8. (V. u. 64 Seiten.) Annaberg, Rudolph & Dieterici, 1860. M. 2.25

— Die Dorffeuerwehr. Winke und Rathschläge z. Errichtung von Feuerwehren auf dem Lande. Mit Abb. gr. 8. (VII. u. 29 S.) Hildburghausen, Kesselring, 1876. M. 1.—

Voigt, Fr. W., das Toposkop, oder der sogen. Pyrotelegraph. Einige Worte über dessen Erfindung, Verbesserung und Gebrauch; vorzüglich aber über den deshalb geführten Streit zwischen Fricke und Pausner. Mit 2 Kupfertfln. 8. Zwickau 1823, Leipzig, Gebr. Schumann. M. 3.-

Voigt's, J. E., sieben Vorschläge etc. Berlin 1753.

Vorschläge zur Löschung des Feuers auf den Dörfern.
Hannovrisches Magazin. 1770. Fol. 1509.

Vorschrift für d. Militär-Feuerwehr in Hessen-Darmstadt 1861.

Was ist nach den sächsischen Gesetzen von einer Gerichtsobrigkeit zu beobachten, in deren Gerichtsbezirke sich eine Feuersbrunst ereignet hat? Meissen, Klinkicht & Sohn. M. —.30

Wedel, J. Adolph, de machinarum quarundam, quibus aqua elevatur, inprimis Siphonum ad incendia compescenda emendatione. Jena 1716.

— de siphonum majorum emendatione. 1717.

Wegelin, S., Technologische Schriften. 3 Hefte. 8. St. Gallen, Huber & Co. 2. Heft. — Die Feuerordnung, oder allgem. Vorschriften, wie sich Jedermann im Umgang mit Feuer und Licht sicherstellen und im Nothfalle helfen u. retten solle. Nebst Angabe zweckmässiger Löschmittel. 1836.
M. —.75

Weigand, Lothar, fünf Wochen unter der Berliner Feuerwehr. 1873.

Weiser, Carl, die deutsche Feuerwehr. Handbuch für das gesammte Feuerlöschwesen. gr. 8. (VII. u. 304 S. m. eingedr. Holzschn. und 1 Tfl. Mainz, Wirth & Co., 1855. M. 4.50

Welcker, Th., der Retter in Feuersgefahr, oder Belehrung über das schnelle Löschen brennender Gebäude u. Schornsteine, nebst Anweisung wie man Häuser, Kleidung, Papier und Hausgeräthe, sowie auch sich selbst unverbrennbar machen u. Menschen aus d. oberen Stockwerken brennender Gebäude retten kann. Als Anhang: Ein Bericht über die vorzüglichen Feuer-Versicherungs-Anstalten in Europa. 16. Nordhausen, Fürst, 1837. M. 1.—

Weyrich, B. C. A., die einfachsten Rettungs-Anstalten bei Feuers- und Wassergefahr. Ein Noth- und Hilfsbuch für Jedermann. gr. 8. Leipzig, Wienbrack, 1830. M. —.75

Willfort, Moritz, preisgekrönte Abhandlung über Errichtung von Landfeuerwehren. 4. Aufl. Wien, 1878, Selbstverlag. (Leipzig, R. Scheibe.) M. 2.—
1. Auflage 1875.

— Leitfaden über Errichtung v. Feuerwehren. 4. Aufl. 1876. gr. 8. (105 S.) R. v. Waldheim in Wien. M. 2.—

Wittenburg, Mittel, Feuersbrünste ohne Wasser zu löschen, ihren Ausbruch zu verhüten u. in einem brennenden Hause die Flammen Schritt vor Schritt zu löschen. Nebst Vorschlag, das Holzwerk an Gebäuden zu sichern etc. gr. 8. (32 S.) Riga, 1821.

Wo brennt's s. Koch, Leonh.

Wo fehlt es? Einige Worte über das Löschwesen auf dem Lande, von einem Feuerwehrmann. gr. 16. (VII. 648 S.) München, Franz, 1877. M. —.40

Wolf, Arnold. Uebungsbuch der freiw. Feuerwehr in Hildesheim. Hildesheim, Selbstverlag, 1877. M. —.30

Wolf, J., Statistische Darstellung der in Böhmen bestehenden Feuerwehr-Vereine und Communal-Feuerwehren auf Grund amtlicher Quellen. Royal 4. (104 S.) Prag, k. k. Statth.-Druckerei Kosmack & Neugebauer, 1877. M. 3.20

Wolfermann, Fr., die Entwickelung des Feuerlöschwesens der Stadt Nürnberg von frühester Zeit bis heute. Eine Denkschrift zur 25 jährigen Stiftungsfeier der Nürnberger Feuerwehr. gr. 8. (49 S.) Nürnberg, Ebner, 1878. M. —.75

Wolffram, Unterricht an Schulkinder über Feuersgefahr u. Quacksalberei. Mit 1 Kupfertfl. 8. Gotha (Ettinger) 1815. M. —.90

Wüllen, A. C. von, Vorschläge zu Rettungsanstalten. Hannovrisches Magazin 1770/71. M.

Young, C. F. T., fires, fire engines and fire brigades. London, (Leipzig, A. Twietmeyer) 1866. M. 28.80

Zabel, H., Der elektrische Feuerwehr-Telegraph. Eine Anleitung zur Einrichtung von Feuerwehr-Telegraphen, sowohl für kleine und Mittel-, als auch für grosse Städte, mit Zeichnungen der Apparate und des Stromlaufes. 8. (IV. u. 80 S. mit Holzschn.) Breslau, Maruschke & Berendt, 1873. M. 1 80

Zeisig, Heinr. Theatrum machinarum. Leipzig, 1673. Enthält Abbildungen von Feuerspritzen. M.

Zeitschrift, Illustr., für die deutsche Feuerwehr und die ihr verwandten Geschäfts- u. Industriezweige. Red. Franz Gilardone. I.—XIII. (1872—1884) à Jahrg. 12 Hefte. 4. Hagenau i. E., Selbstverlag. à Jahrg. M. 6.—

Zeitung für Assekuranzwesen und Feuerlöschwesen. Red. v. Baldimore Underwoiter, 1865. (jährl. 52 Nummern.)

Zeitung für Feuerlöschwesen. Red. von Weisenbach. (Jhrg. 24 N.) gr. 4. München, Franz, 1869—81. à Jhrg. M. 3.60
— Jhrg. 1882—84. Red. von E. Mühlthaler. à Jhrg. M. 3.60

Zernecke, Fr. W., Grundzuge zu einer Feuerordnung für d. platte Land. 8. Danzig, Ewert, 1826. M. —.60

Zigra, J. H. Neues und bewährtes, vorzüglich bei Strohdächern und hölzernen Gebäuden anwendbares, der Witterung widerstehendes Schutzmittel vor Feuersgefahr, für den Landbewohner. gr. 8. Riga, Hartmann, 1822. M. 4.—

Feuerwehr-Diplome etc.

von

Gebrüder Obpacher in München.

Aufnahms-Urkunde

in gr. Folio-Format:

Reich in Farben . à 1 M.

Schwarz in Ton . . à 70 Pf.

in Quartformat à 20 „

Aufnahmskarten . . à 10 „

Portrait Ludwig Jung's.

Kgl. Rath u. Oberinspector, Vorsitzender des deutschen u. bayr. Feuerwehrausschusses.
Format 62 × 48 cm. Preis M. 3.

Feuerwehrbild, Münchener.

Format 62 × 54 cm M. 0

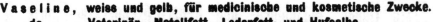

Auf Ihre gefällige Offerte vom 26. Januar, betr. Ihre Mineralfette „Virginia" theile ich Ihnen mit, dass ich die mir übersandten Proben einer eingehenden Prüfung unterworfen habe und dabei zu einem sehr guten Resultat gelangt bin.

Breslau. Der Branddirector **Herzog.**

Im Besitz Ihres Geehrten vom 28. Januar cr. theilt Ihnen das unterzeichnete Commando ergebenst mit, dass hier mit dem von Ihnen übersandten Muster Ihres Lederfettes eingehende Proben angestellt wurden und dass diese zur Zufriedenheit ausgefallen sind.

Bremen. **Das Commando der Feuerwehr:** Stude.

Wir haben die uns von der Firma Petri & Stark in Offenbach a. M. gelieferten **Mineralpräparate** „Virginia"-Lederfett und -Hufschmiere seit einem Jahre in steter Verwendung und bezeugen wir gern die gute Wirksamkeit dieser Präparate; namentlich hat das Lederfett die Eigenschaften, Lederwerk geschmeidig zu erhalten und damit zur Conservirung desselben beizutragen. — Chemnitz.

Die Branddirection daselbst.
Lothar Weigand Kluge, Brandmeister.

Nach der versuchten Probe werden Sie ersucht, dem unterzeichneten Magistrat wiederum je eine Büchse von 12½ Ko. Lederfett und Hufschmiere baldmöglichst zu senden.

Wehlau. **Der Magistrat.**

Der Firma Petri & Stark in Offenbach a. M. bezeugen wir hierdurch, dass wir das von derselben fabricirte Mineral-Lederfett „Virginia" bereits seit mehreren Jahren beziehen und verwenden; wir haben gefunden, dass dasselbe sich vorzüglich zum Einfetten des Leders bewährt, es conservirt dasselbe, schützt besonders das damit eingefettete Schuhwerk vor dem Eindringen der Nässe und ist daher allen anderen Einfettungsmitteln entschieden vorzuziehen.

Ein weiterer Beweis für die Vorzüglichkeit dieses Präparates ist der sich immer mehr steigernde Absatz desselben, namentlich an Landleute. — Seligenstadt. **Rohstoff-Verein für Schuhmacher.**

Ich beziehe Ihnen gern, dass das von Ihnen gelieferte Lederfett „Virginia" allen Anforderungen an ein gutes Lederfett vollkommen entspricht.

Es erhält das Leder geschmeidig, macht es widerstandsfähig gegen Nässe und kann ich es jedem Interessenten zum Gebrauch empfehlen.

Leipzig, October 1883.
H. Schramm, Fuhrwerksbesitzer, Harkortstr. 5 E.

Mit Vergnügen bestätige ich Ihnen, dass das mir von Ihnen für die Betriebsmaschinen der electrischen Bahn gelieferte „Sinacid-Oel" allen Bedingungen entsprochen hat, welche an ein solches Oel zur Verwendung bei electro-dynamischen Maschinen gestellt werden müssen, deren Behandlung in Folge der Feinheit der einzelnen Theile, sowie der grossen Umdrehungsgeschwindigkeit ganz besondere Sorgsamkeit in der Auswahl des Schmiermaterials erfordert.

Ich ziehe das von Ihnen gelieferte Oel nach meiner Erfahrung für diese Zwecke jedem anderen Oel vor.

In gleicher Weise hat mich Ihr Oel auch für die Dampfmaschinen und die electrischen Maschinenwagen zufrieden gestellt.

General-Unternehmer der Frankfurt-Offenbacher elektr. Trambahn.
G. R. A. Weimann.

Allgemeine Anerkennung
Salzburg 1883 XII. Deutscher Feuerwehrtag.

Prämiirt Nürnberg 1882 — Innsbruck 1883.

ANDRE RODNER, München
Thal 24/1.

Das Unentbehrlichste für die Feuerwehr ist eine practische mit den neuen antiseptischen Verbandstoffen eingerichtete **Sanitätstasche** aus gutem Material hergestellt und 18 Gegenstände enthaltend, wie solche sich seit 5 Jahren bei der Münchener Feuerwehr gut bewährt hat und worüber alle Fachblätter sich anerkennend ausgesprochen und dieselbe für jede Feuerwehr in Stadt wie auf dem Lande anempfohlen haben. Der Preis einer solchen Tasche aus Rindsleder mit Gebrauchsanweisung und vollständiger Einrichtung ist _M_ 12,50, mit Abzeichen _M_ 1,50 mehr; zum Umhängen _M_ 16, mit Abzeichen. Hirschlederne **Handschuhe** mit Stulpen für Rohrführer _M_ 8,50, gefüttert; **Fäustlinge** mit Stulpen aus Hirsch- oder Kalbleder mit Gummifutter _M_ 8,50; **Armbinden** für Sanität zu _M_ 1,70 bis _M_ 5, alles in Gummitäschchen; **Verbandtäschchen** zur ersten Hilfeleistung für Jedermann, 20 Gegenstände enthaltend, in allen Lederarten, fein, solid und practisch, besonders zum Reisen und Turnen sehr geeignet, von 7 _M_, 9 _M_, 10 _M_, 12—15 _M_. Muster stehen zu Diensten; was nicht entspricht, wird umgetauscht. Alles wird selbst verfertigt und ist eigene Erfindung.

Auszug aus dem Protocoll über die Verhandlungen des bayr. Landesfeuerwehr-Ausschusses
am 26./27. September 1881. XXII.

Da es vorkommt, dass bei Unglücksfällen im Feuerwehrdienst, selbst in schweren Fällen, oft längere Zeit vergeht, bis die allernöthigste ärztliche Hilfe geleistet werden kann, wird sehr empfohlen, dass die Feuerwehren da, wo es noch nicht geschehen, sich wenigstens mit dem allernöthigsten Verbandmaterial etc. versehen und einige Mitglieder sich mit dem Sanitätsdienst vertraut machen, zu welchem Zweck die Herren Aerzte gewiss gerne den erforderlichen Unterricht auf Ersuchen ertheilen werden.

Wm. KNAUST, Wien, II. Bez.

K. K. priv. Maschinen-, Feuerlöschgeräthe & Metallwaaren-Fabrik.

Aeltestes
Special-Etablissement Oesterreich-Ungarns.

für

Dampfspritzen,	Schläuche, Eimer,	Petroleumfackeln,
Wagenspritzen,	Schlauchkarren,	Lampen, Harzfackeln
Abprotzspritzen,	Steiggeräthe,	Rettungsgeräthe,
Kippspritzen,	Sohlebleitern,	Signal-Instrumente,
Karrenspritzen,	Wasserwagen,	Demolir-Werkzeuge,
Trag- u. Handspritzen	Helme, Beile,	Pat. Brausemundst.,
Hydrofore,	Gürte, Carabiner,	Pumpen aller Art,
Gartenspritzen,	Leinen, Aexte,	Wasserleit.-Artikel,
Estincteure (Gasspr.),	Laternen,	Latrinen-Appar. etc.

General-Preis-Catalog
mit 400 Abbildungen auf Verlangen gratis und franco.

54 Medaillen.

Etablirt 1823.

Lightning Source UK Ltd.
Milton Keynes UK
UKHW02f1827171018
330726UK00012B/1263/P